「メタルの基本」がこの100枚でわかる！

伊藤政則　増田勇一　荒金良介　奥村裕司　川嶋未来（SIGH）
後藤寛子　鈴木喜之　高橋祐希　武田砂鉄　行川和彦
西廣智一　長谷川幸信　山﨑智之　編・梅沢直幸

星海社

JN042985

.AISHA
SHINSHO

はじめに

「メタル」――世界中の子供から大人、老人まで、3世代にわたって血沸き肉踊らせているこの音楽ジャンルを、日本でもっと広めたい、もっと知ってほしい、もっと堪能してほしい、そんな思いの発露《はつろ》として〝メタルの基本〟をテーマに本書を企画した。本書にて、これだけはぜひとも聴いてほしい「メタルの基本」100枚を厳選し、メタルを熟知した執筆陣による珠玉のレビューをお届けする。

「メタルの基本」100枚の選考基準。

一つはメタルの縦軸（歴史）。

ブラック・サバスを〝メタルの始祖〟とするならば、ブラック・サバスの1stアルバム『Black Sabbath』が発売された１９７０年2月13日こそが、この世にメタルが産声を上げた日……つまり「メタルのはじまり」。

その「メタルのはじまり」から50年以上もの歳月が経った。


異常に重かったり、異常に速かったり、過剰に熱かったり、でもたまに泣けたりする音楽に、約50年もの長い長い歴史があるのだ。


約50年の歴史を背負った歴史的大名盤。

約50年の歴史の中で時代を一気に変えた革命的アルバム。

約50年の歴史の中で一般大衆にまで愛され、想像を遥かに越えたビッグ・セールを記録したアルバム。

約50年の歴史の中で地下世界で延々と祀《まつ》られ続けてきたアルバム。


この歴史の重みを纏《まと》ったアルバムこそ、メタルの真髄《しんずい》なのだ。

「メタルの基本」100枚の選考基準。

もう一つはメタルの横軸（枝葉）。

メタルは「進化」と「深化」を繰り返し、様々なサブジャンルを創り出してきた。その様子は、どこまでも果てしなく続く「メタル宇宙」であり、永遠と創造し続ける「メタル曼荼羅《まんだら》」。

正統派メタルに**様式美メタル**
パワー・メタルに**スラッシュ・メタル**
クロスオーヴァーに**グラインドコア**
デス・メタルに**ブラック・メタル**に**メロデス**

ドゥームに**ドローン**に**ストーナー**に**スラッジ**
ネオ・クラシカルに**メロスピ**
グルーヴ・メタルに**ラップ・メタル**
ニューメタルに**メタルコア**に**ラウドロック**
プログ・メタルに**シンフォニック・メタル**
グランジに**オルタナ・メタル**に**インダストリアル・メタル**
フォーク・メタルに**カワイイ・メタル**

もちろん、これは序の口。メタルのサブジャンルの幹《みき》にすぎない。この先にもっともっと枝葉が別れて細かなサブジャンルが存在し、さらにその先にもまたサブジャンルが存在する。

この異常なサブジャンル（枝葉）の多彩さは、そのままアルバムの多彩さとなる。常識を超えたバラエティー感溢れるアルバムたちこそ、メタルの醍醐《だいご》味《み》なのだ。

「メタルの基本」をテーマに、このメタルの縦軸（歴史）とメタルの横軸（枝葉）から吟《ぎん》味《み》に吟味を重ねて厳選した100枚がこの本に並んでいる。

そして、この100枚には、メタルのカッコよさが、メタルの面白さが、メタルの楽しさが、メタルの知性が、メタルの狂気性が、メタルの（いい意味での）ダサさが、メタルの（いい意味での）バカらしさが、メタルの（いい意味での）クサさが……メタルの魅力のすべてが詰まっていると言っても過言ではない。

つまり、**「メタルの基本」**どころか**「メタルとは？」**の答えがこの100枚に、この本にあるのだ。

メタルに興味を持っているけれど、どのアルバムから聴いてよいのかがわからない人は、是非この本に掲載されている100枚から手に取って欲しい。この100枚さえ聴けば、柔軟なメタル脳を持った立派なメタルヘッズに変貌《へんぼう》だ。

メタル歴数十年のダイハードなガチメタルヘッズも、是非この本に掲載されている100枚を今こそ改めて聴いてみてほしい。バラエティー豊かなメタルアルバムの数々に、メタルの素晴しさと面白さを再認識できるハズ。

この100枚を、ジャケットを眺めつつアナログ盤で聴くもよし。CDで聴くもよし。サブスクリプションサービス（定額配信）にて、デジタル環境で聴くのも、もちろんよし。

そして、溢れるメタル愛を持つ執筆陣による渾身のアルバムレビューを読みながら、どのアルバムから聴こうか大いに迷うのもよし。片《かた》っ端《ぱし》から聴いてみるのもよし。

メタル仲間と100枚中、何枚持っているかを競い合うのもよし。

あのアルバムが入っていない！　と怒りの声をあげるのもよし。

メタル・トークのネタとして大いに活用してほしい。

ということで……

「メタルの基本」という名の「無限メタル沼」の入口へようこそ！

梅沢直幸（『ヘドバン』編集長）

目次

はじめに 3

AC/DC Back In Black 18

ACCEPT Metal Heart 20

ALICE IN CHAINS Dirt 22

ANGRA Angels Cry 24

ANTHEM Bound To Break 26

ANTHRAX Among The Living 28

ARCH ENEMY Burning Bridges 30

Avenged Sevenfold City Of Evil 32

BABYMETAL METAL GALAXY 34

BARONESS Gold & Grey 36

BLACK SABBATH Master Of Reality 38

BLIND GUARDIAN Somewhere Far Beyond 40

BRING ME THE HORIZON That's The Spirit 42

BULLET FOR MY VALENTINE Scream Aim Fire 44

CARCASS Heartwork 46

CATHEDRAL Forest Of Equilibrium 48

CELTIC FROST To Mega Therion 50

CHILDREN OF BODOM Hate Crew Deathroll 52

CODE ORANGE Underneath 54

CONVERGE Jane Doe 56

Crossfaith EX_MACHINA 58

DEAD END DEAD LINE 60

DEAFHEAVEN Sunbather 62

DEATH Scream Bloody Gore 64

DEF LEPPARD Hysteria 66

DEFTONES Around The Fur 68

DIO HolyDiver 70

DIR EN GREY UROBOROS 72

DOKKEN Under Lock And Key 74

DRAGONFORCE Valley Of The Damned 76

DREAM THEATER Images & Words 78

EMPEROR In the Nightside Eclipse 82

EVANESCENCE Fallen 84

EXODUS Bonded By Blood 86

FAITH NO MORE The Real Thing 88

FEAR FACTORY Demanufacture 90

FLATBACKER 戦争 —アクシデント— 92

GALNERYUS INTO THE PURGATORY 94

GASTUNK Under The Sun 96

GHOST Prequelle 98

GUNS N' ROSES Appetite For Destruction 100

HELLOWEEN Keeper Of The Seven Keys Part I 102

IRON MAIDEN Iron Maiden 104

JUDAS PRIEST Screaming For Vengeance 106

KILLSWITCH ENGAGE Alive Or Just Breathing 108

KORN Korn 110

KREATOR Pleasure To Kill 112

KYUSS Welcome To Sky Valley 114

LAMB OF GOD Ashes Of The Wake 116

LIMP BIZKIT Three Dollar Bill, Y'all$ 118

LINKIN PARK Hybrid Theory 120

LOUDNESS THUNDER IN THE EAST 122

MACHINE HEAD Burn My Eyes 126

MANOWAR Kings Of Metal 128

MARILYN MANSON Antichrist Superstar 130

MASTODON Blood Mountain 132

MAYHEM De Mysteriis Dom Sathanas 134

MEGADETH Rust In Peace 136

MERCYFUL FATE Melissa 138

MESHUGGAH ObZen 140

METALLICA Master Of Puppets 142

MINISTRY Psalm 69: The Way To Succeed And The Way To Suck Eggs 144

MORBID ANGEL Altars Of Madness 146

MÖTLEY CRÜE Shout At The Devil 148

MOTÖRHEAD Ace Of Spades 150

MICHAEL SCHENKER GROUP The Michael Schenker Group 152

NAPALM DEATH From Enslavement To Obliteration 154

NIGHTWISH Once 156

NINE INCH NAILS The Downward Spiral 158

人間椅子〈NINGEN ISU〉 新青年 160

OPETH Blackwater Park 162

OUTRAGE The Final Day 164

OZZY OSBOURNE Blizzard Of Ozz 166

PANTERA Vulgar Display Of Power 170

PARADISE LOST Draconian Times 172

QUEENSRŸCHE Operation: Mindcrime 174

RAGE AGAINST THE MACHINE Rage Against The Machine 176

RAINBOW Rising 178

RAMMSTEIN Mutter 180

RATT Out Of The Cellar 182

S.O.D Speak English Or Die 184

SABATON The Art Of War 186

SCORPIONS Blackout 188

聖飢魔II〈SEIKIMAII〉 THE END OF THE CENTURY 190

SEPULTURA Roots 192

SKID ROW Slave To The Grind 194

SLAYER Reign In Blood 196

SLEEP Sleep's Holy Mountain 198

SLIPKNOT Iowa 200

SOUNDGARDEN Badmotorfinger 202

SUNN O))) Black One 204

SYSTEM OF DOWN Toxicity 206

THE MAD CAPSULE MARKETS Digidogheadlock 208

TOOL Lateralus 210

TRIVIUM What The Dead Men Say 212

UNITED N.O.I.Q. 214

VENOM Black Metal 216

VOIVOD Killing Technology 218

X BLUE BLOOD 220

YNGWIE J. MALMSTEEN Trilogy 222

執筆者紹介 224

本書掲載アルバムプレイリスト 226

編集後記 227

レビューページの見方

レコード会社

現在、リイシューやリマスター等の再発含めて日本盤CDが発売中の場合は日本のレコードメーカーを、日本盤が廃盤になっている場合や輸入盤／デジタル配信のみでしか入手できない場合は海外のレコードメーカー（レーベル／マネジメント）を掲載しています。

発売年・月・日

オリジナル盤の発売年月日を、海外アーティストであれば日本盤ではなく、海外でのアルバム発売年月日を中心に掲載しています。

アルバム名

アーティスト名

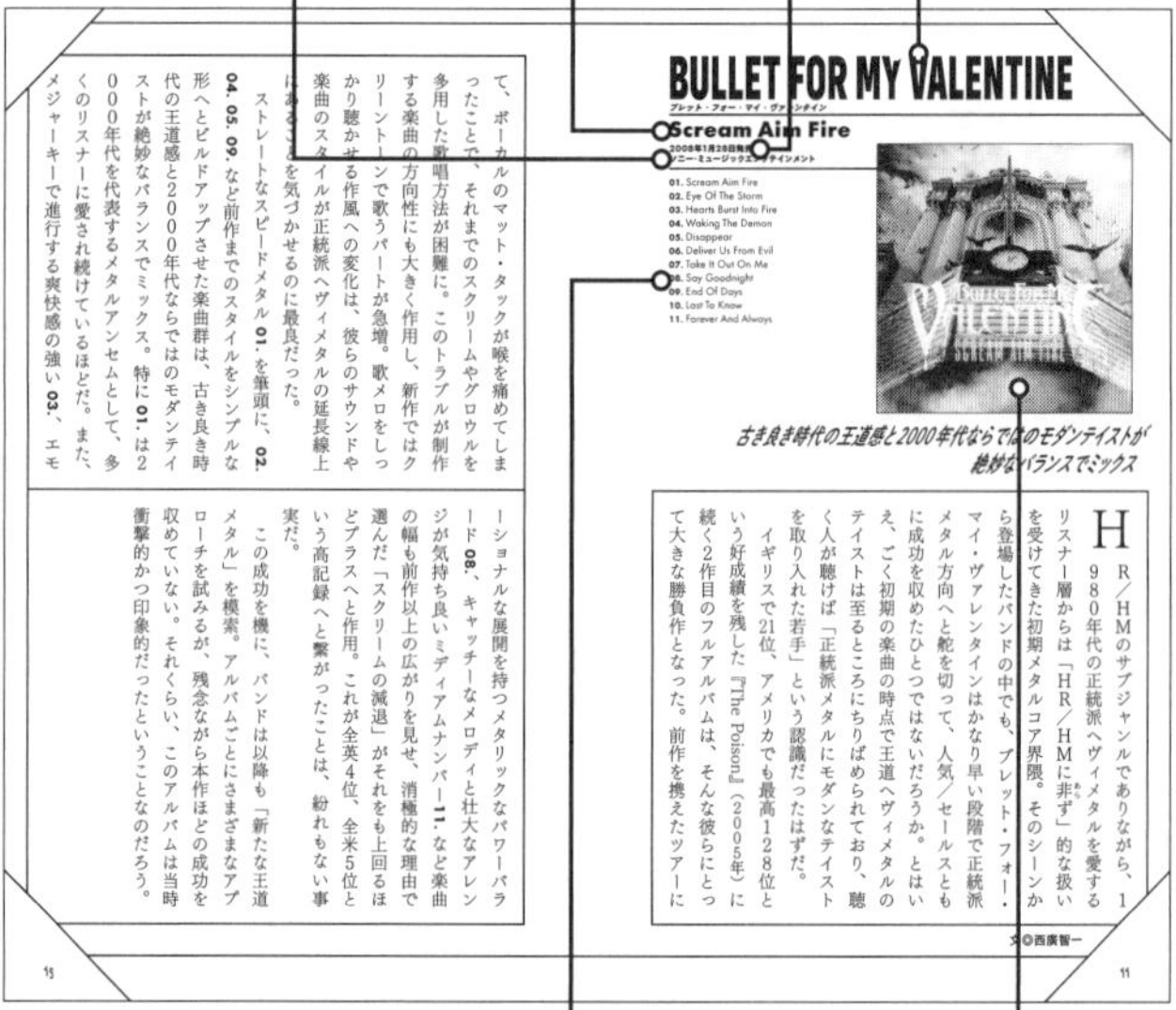

BULLET FOR MY VALENTINE
ブレット・フォー・マイ・ヴァレンタイン

Scream Aim Fire
2008年1月28日発売
ソニー・ミュージックエンタテインメント

01. Scream Aim Fire
02. Eye Of The Storm
03. Hearts Burst Into Fire
04. Waking The Demon
05. Disappear
06. Deliver Us From Evil
07. Take It Out On Me
08. Say Goodnight
09. End Of Days
10. Last To Know
11. Forever And Always

古き良き時代の王道感と2000年代ならではのモダンテイストが絶妙なバランスでミックス

HR／HMのサブジャンルでありながら、1980年代の正統派ヘヴィメタルを愛するリスナー層からは「HR／HMに非《あら》ず」的な扱いを受けてきた初期メタルコア界隈。そのシーンから登場したバンドの中でも、ブレット・フォー・マイ・ヴァレンタインはかなり早い段階で正統派メタル方向へと舵を切って、人気／セールスともに成功を収めたひとつではないだろうか。とはいえ、ごく初期の楽曲の時点で王道ヘヴィメタルのテイストは至るところにちりばめられており、聴く人が聴けば「正統派メタルにモダンなテイストを取り入れた若手」という認識だったはずだ。

イギリスで21位、アメリカでも最高128位という好成績を残した『The Poison』（2005年）に続く2作目のフルアルバムは、そんな彼らにとって大きな勝負作となった。前作を携えたツアーにて、ボーカルのマット・タックが喉を痛めてしまったことで、それまでのスクリームやグロウルを多用した歌唱方法が困難に。このトラブルが制作する楽曲の方向性にも大きく作用し、新作ではクリーントーンで歌うパートが急増。歌メロをしっかり聴かせる作風への変化は、彼らのサウンドや楽曲のスタイルが正統派ヘヴィメタルの延長線上にあることを気づかせるのに最良だった。

ストレートなスピードメタル**01.**を筆頭に、**02.** **04.** **05.** **09.**など前作までのスタイルをシンプルな形へとビルドアップさせた楽曲群は、古き良き時代の王道感と2000年代ならではのモダンテイストが絶妙なバランスでミックス。特に**01.**は2000年代を代表するメタルアンセムとして、多くのリスナーに愛され続けているほどだ。また、メジャーキーで進行する爽快感の強い**03.**、エモーショナルな展開を持つメタリックなパワーバラード**08.**、キャッチーなメロディと壮大なアレンジが気持ち良いミディアムナンバー**11.**など楽曲の幅も前作以上の広がりを見せ、消極的な理由で選んだ「スクリームの減退」がそれをも上回るほどプラスへと作用。これが全英4位、全米5位という高記録へと繋がったことは、紛れもない事実だ。

この成功を機に、バンドは以降も「新たな王道メタル」を模索。アルバムごとにさまざまなアプローチを試みるが、残念ながら本作ほどの成功を収めていない。それくらい、このアルバムは当時衝撃的かつ印象的だったということなのだろう。

文◎西廣智一

11

15

収録曲

オリジナル盤の収録曲を掲載しています。日本盤ボーナストラックやリマスター盤発売による追加収録等は加えておりません。

ジャケット

オリジナル盤のジャケットを中心に掲載しています。

「メタルの基本」100枚

PART.1

A *to* D

AC/DC
エーシーディーシー

Back In Black

1980年7月25日発売
ソニー・ミュージックエンタテインメント

01. Hells Bells
02. Shoot To Thrill
03. What Do You Do For Money Honey
04. Givin The Dog A Bone
05. Let Me Put My Love Into You
06. Back In Black
07. You Shook Me All Night Long
08. Have A Drink On Me
09. Shake A Leg
10. Rock And Roll Ain't Noise Pollution

リフ、シャウト、この反復が続く。余計なものは一切入れない。これがハードロックの背骨だ

ロックは成長を繰り返してきた生き物だが、成長するためには屈強な背骨が必要で、その背骨には、成長よりもまず同質の強度が求められる、という矛盾を抱えている。筋肉量を一定に保つことが難しいように、背骨は背骨のままであってほしい、という要請もいつだって無理難題なのだ。

AC/DCがいる世界といない世界を想像してみよう。それは、ロックの、ハードロックの、もちろんヘヴィメタルの背骨の有無に直結する。彼らが存在し続けたからこそ、本書に並ぶバンドは成長を続けてこられた。勇ましいリフ、そこに被さる金切り声、愚直に突き進んでいく音楽が、今も稼働しているという事実。2020年に6年ぶりにリリースされた『Power Up』の中身が、何も変わっていない、と知った瞬間の興奮。教科書を作っ

文◎武田砂鉄

た人たちが、教科書を強化してくれている。

　1973年、アンガス・ヤングとマルコム・ヤング兄弟を中心に活動をスタートさせた彼らは、ボン・スコットを迎え、75年にオーストラリアでデビューする。順調に作品を重ね、マット・ラングをプロデューサーに迎えた79年の『Highway To Hell』で人気を確かなものとした。その矢先、ボンが吐《と》瀉《しゃ》物を喉につまらせて命を落としてしまう。バンドは、すぐさま、ボンが認めていたブライアン・ジョンソンを加入させ、このロック史に残る名盤を短い期間に完成させた。

　これぞまさに背骨だ。これがハードロックの背骨だ。リフ、シャウト、この反復が続く。余計なものは一切入れない。一つの音を轟かせ、その瞬間を積み上げて曲にする。それだけだ。それだけがたまらない。


ボンを追悼するかのように鐘が鳴り響く **01.** から入り、スピーディになだれ込む **02.**、グルーヴを保ちながら、いよいよ **06.** に突入していく。このリフがなければ、今、私たちが耳にしている、目にしている、あれやこれやの音楽が存在していなかったかもしれない。大げさではなく、事実だ。

　このアルバムを聴いた後には、92年の『Live』や、2012年の『Live At River Plate』など、ライブ盤に手を出すのがいいかもしれない。反復しながら強化していく音楽スタイルの普遍性が伝わる。ロックンロールとはどういうものか、なぜ朽ち果てることがないのか、縦に揺れ、横に揺れ、人間を昂《たか》ぶらせるのか、彼らの音楽に解答が詰め込まれている。

ACCEPT

アクセプト

Metal Heart

1985年3月4日発売
ソニー・ミュージックエンタテインメント

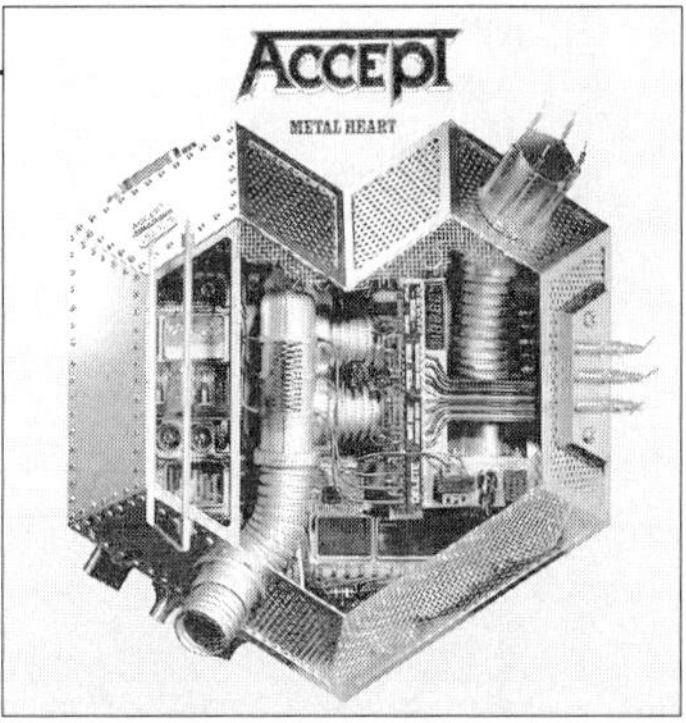

01. Metal Heart
02. 02 Midnight Mover
03. Up To The Limit
04. Wrong Is Right
05. Screaming For A Love-Bite
06. Too High To Get It Right
07. Dogs On Leads
08. Teach Us To Survive
09. Living For Tonite
10. Bound To Fail

本作ではギタリスト・ウルフのクラシック傾倒が冒頭から大炸裂

前身バンドの結成が68年というドイツの古参バンドの第6作。アクセプトとしての活動が本格化したのは70年代半ばで、79年にアルバム・デビュー。ジューダス・プリーストやスコーピオンズ、AC/DCなどからの影響を血肉としたそのサウンドは、男臭く無骨で、重厚かつソリッド。一貫して伝統的&古典的な〝メタルらしいメタル〟を体現しつつも、〝泣き〟の哀愁やクラシカルなエッセンスの導入も得意としてきた。

ディーター・ダークスがプロデュースを手掛けた本作のラインナップは、ウド・ダークシュナイダー(Vo.)、ウルフ・ホフマン(Gu.)、ヨルグ・フィッシャー(Gu.)、ピーター・バルテス(Ba.)、シュテファン・カウフマン(Dr.)で、85年9月の初来日公演も、初期黄金期と目されるこのメンツで行なわれている。メイン・ソングライターはウル

文◎奥村裕司

フで、塩辛い声質のウドが放つカミソリ・シャウト、どっしり力強い地響きコーラスを最大限活かすと同時に、本作ではウルフのクラシック傾倒が冒頭から大炸裂。イントロにチャイコフスキーの「スラヴ行進曲」、中間部のギター・ソロにベートーヴェンの「エリーゼのために」にフレーズを盛り込んだこの**01.**は、すぐさまバンドの代表曲のひとつとなり、やがてライヴで外すことの出来ない重要レパートリーとなっていく。

アルバム全体としては3～4分台のコンパクトな楽曲が多く、キャッチーな**02.** **05.**は、全米チャートに初ランク・イン(第74位)した前作『Balls To The Wall』(83)を受け、北米市場でのさらなる飛躍を狙った戦略なのかもしれない。ただ、メロディアスでポップな楽曲はそれ以前からあったし、本作には他にも、エキゾティックなムード漂う**08.**がどこか妖し気でジャジーな空気をまとっていたり、アルバムを締め括る**10.**が威風堂々たるアンセミックなクラシカル・テイストを感じさせたり……と、実は元々、引き出しの多いバンドではあった。そして勿論、必殺の疾走パワー・チューン**04.**、〝闇の反逆軍団〟という前作邦題のイメージそのままの重々しい**09.**など、メタリックな佳曲も充実。トータルな完成度で過去作を上回る本作は、全米では第94位と振るわなかったものの、ドイツ本国のチャートで第13位と当時の最高位を記録し、日本での人気も決定付けるのである。

ALICE IN CHAINS

アリス・イン・チェインズ

Dirt

1992年9月29日発売
Columbia Records

01. Them Bones
02. Dam That River
03. Rain When I Die
04. Down In A Hole
05. Sickman
06. Rooster
07. Junkhead
08. Dirt
09. God Smack
10. Untitled
11. Hate To Feel
12 Angry Chair
13..Would?

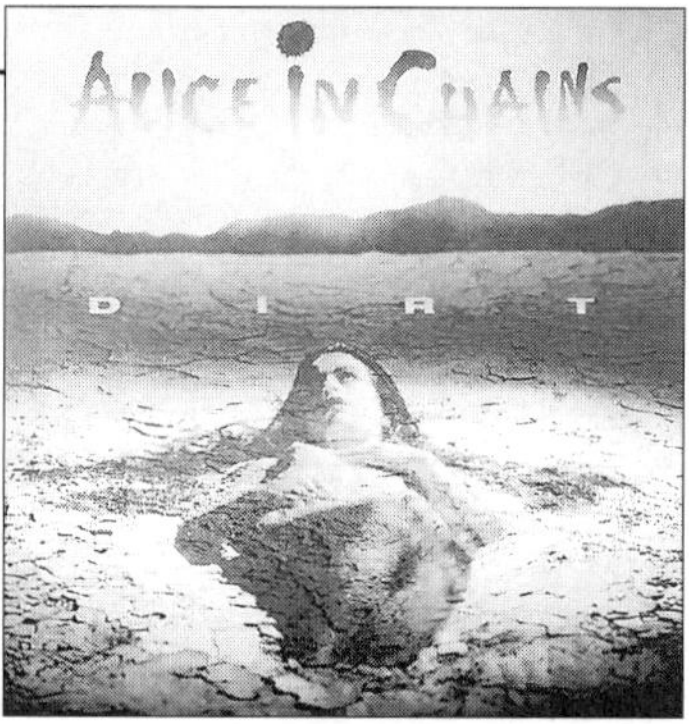

本作にはとにかく絶望的なほどに暗い空気が充満している

1999年発表のボックスセット『Music Bank』に収録されているデビュー以前の楽曲を聴くと、1987年に結成されたこのバンドが、いわゆるLAメタル的な演奏スタイルを出発点としていたことが窺えるが、彼らのアイデンティティは、そこから徐々にヘヴィさとダークさを強めていくことで確立されてきた。2作目のフル・アルバムにあたる本作はまさにそれを象徴する一枚だ。

前作『Facelift』に続き、ジェーンズ・アディクション等との仕事でも知られるデイヴ・ジャーデンをプロデューサーに迎えて制作された本作には、とにかく絶望的なほどに暗い空気が充満している。エモーショナルなどという言葉では言い表せないほどに情感過多で、死に取り憑かれたかのようなレイン・ステイリーの歌唱と、美しい歪みとでもいったものを感じさせるジェリー・カントレルの

文◎増田勇一

ギターに主導されながら繰り広げられていく重苦しい世界には、一度迷い込んだら脱出不能な不思議の国のような怖さがある。こんなにもフレンドリーさに欠ける作品が全米アルバム・チャート6位まで上り詰め、アメリカだけで400万枚を超えるセールスを記録した背景には、本作登場の前年にニルヴァーナの『Nevermind』やパール・ジャムの『Ten』といったグランジの代名詞的作品が生まれ、シアトルを発生源とする新たな波が世を席巻していたという流れも当然ある。しかも本作のラストを飾っている「Would?」は、同地の音楽シーンを舞台とした映画『シングルズ』のサウンドトラックでひと足先に使用され、時代を象徴する楽曲のひとつとなっていた。

　ただ、何をその典型と捉えるかは人それぞれだろうが、このバンドが纏う陰鬱さには、グランジ云々の領域を超えたものがある。仮に彼らがそうしたトレンドとは関係なく「ブラック・サバスに対するシアトルからの回答」とでも紹介されていたなら、その立ち位置はもっとメタルの中心地点に近いものになっていたかもしれない。実際、スレイヤーのトム・アラヤが本作にこっそり参加している事実にも象徴されるようにスラッシュ・メタル界隈との繋がりも強く、メタリカにも彼らにインスパイアされた部分が少なからずある。レインの他界（2002年4月）という致命傷により一度は活動に終止符を打っているが、バンドは現在も存続し、いっそうの成熟を伴った形ですぐれた作品を発表し続けている。

ANGRA
アングラ

Angels Cry
1993年11月3日発売
ビクターエンタテインメント

01. Unfinished Allegro
02. Carry On
03. Time
04. Angels Cry
05. Stand Away
06. Never Understand
07. Wuthering Heights
08. Streets Of Tomorrow
09. Evil Warning
10. Lasting Child
Part I – The Parting Words/
Part II – Renaissance

南米の代表に留まらず、今も隆盛し続けている現代メタルの礎の一つ

ラファエル・ビッテンコートと故アンドレ・マトスを中心として結成されたブラジリアン・パワー・メタルの雄アングラ、記念すべきデビュー作。後にブラインド・ガーディアンやハロウィン等の作品も手掛けるチャーリー・バウアーファインド、そしてヘヴンズ・ゲートのサシャ・ピートをプロデューサーに迎えて制作された本作は、その極めて高いクオリティをもってシーンに新たな風を吹き込んだ。

ハロウィンをはじめとする王道パワー・メタルをベースとしつつ、クラシック音楽からの影響やラテン・ミュージックの要素、そして各メンバーの優れた技巧によるプログレッシヴな展開・フレーズが多数盛り込まれているのがアングラのメタルの特徴だが、衝撃度・勢い・楽曲の魅力等を総合的に踏まえるとやはりこの1st が代表作だろう。

文◎高橋祐希

シューベルトの交響曲を引用した導入部から続く疾走曲 **02.** は今なお色褪せないメタルの名曲であり、聴き手の高揚感を否応なく増幅させる。その **02.** 中間部でのテクニカルなインスト・パート、タイトル曲 **04.** での練り込まれた楽曲展開、**06.** におけるパーカッシヴで民族音楽的なサウンド・フレーズの導入等、その後のプログレッシヴ・メタル・シーンのヒントとなった部分も多数見受けられる。

そしてアングラのトレードマークの一つが、アンドレ・マトスの特徴的な歌唱スタイルだ。本作での作曲のほとんどを行っているその才能に加え、彼のファルセットを交えた高音ヴォーカルはアングラになくてはならないものとしてファンに認知されることとなる。その象徴が **07.** だろう。ケイト・ブッシュの有名曲カヴァーであるが、原曲の超高音ヴォーカルをマトスのスタイルで表現仕切っている点が印象的であると同時に、相当なインパクトを我々に与える見事なパフォーマンスを見せている。

マトスは２０００年にバンドを脱退して以降も様々なプロジェクトを通じてシンフォニック・メタル／パワー・メタルの血脈を守り続け、またキコ・ルーレイロは現在メガデスで活躍中。南米の代表に留まらず、今も隆盛し続けている現代メタルの礎の一つがこのアルバムであるとも言えるだろう。なお本作にはプロデュースを務めるサシャの他、ガンマ・レイのカイ・ハンセン&ダーク・シュレヒターがゲスト・ギタリストとして参加している。

ANTHEM

アンセム

Bound To Break

1987年3月5日発売
キングレコード

01. Bound To Break
02. Empty Eyes
03. Show Must Go On!
04. Rock 'n' Roll Survivor
05. Soldiers
06. Limited Lights
07. Machine Made Dog
08. No More Night
09. Headstrong
10. Fire 'n' The Sword

〝パワーメタル戒厳令〟なるキャッチフレーズで85年にメジャーデビューしたシーンの革命児——その初期、最高傑作アルバム

80年代の日本のヘヴィ・メタル・シーンは、良くも悪くも欧米のメタル・シーンからの影響を受けていた。80年代半ばあたりにはLAメタルのテイストをたっぷり含んだ華やかなバンドが日本でももてはやされ、ある種、ポップで軟弱なメタル・バンドが多く生まれていった。そんな中で〝パワーメタル戒厳令〟なるキャッチフレーズで85年にメジャーデビューしたアンセムは、シーンの革命児だった。熱さと興奮に貪欲なメタル野郎たちの支持を一気に集め、ライブはコブシを突き上げる勇ましい野郎どものカオスと化していった。

そのアンセムが87年に発表したメジャー3作目が『Bound To Break』。後に〝5人目のメンバー〟とも称されるクリス・タンガリーディスをプロデューサーに迎えている。当時、取材でスタジオを

文◎長谷川幸信

訪れた際、壁が壊れるんじゃないかってほどの大音量でギター・アンプを鳴らし、「メガ！」と喜ぶクリスの姿が。生々しいギター・サウンドを録《と》ることで定評ある、クリスの職人ぶりを目撃した瞬間でもあった。

　そんなエピソードはともかく、本作は初期アンセムの最高傑作と言い切っていいだろう。

　デビュー当時は若々しく、まだ線も細かった坂本英三のヴォーカルが、本作では驚くほどの成長ぶりを見せつけている。熱くてタフで全身全霊を込めた歌が全編に亘《わた》って貫かれ、それがメロディの力強さに結びつき、鳥肌と感動を呼び起こす。そして各楽曲そのものも、それまでとは磨きの掛け方が違った。コンポーザーでもある柴田直人は、パワーメタルというより正統派ブリティッシュ・ハード・ロックやヘヴィ・メタルに精通している。そうした自身のバックボーンを色濃く反映させながら、パワーとスピード、日本人らしい憂いもあるメロディを楽曲という形に昇華させていった。またクリスが全曲のアレンジに関わっているのもポイントだろう。すさまじいエネルギーを放ちながら、実はバンド・アンサンブルとギター・アレンジは緻密に練り上げられ、次々にスリリングな展開や重厚なドラマが曲ごとに繰り広げられる。1曲目から10曲目までがキラー・チューンであり、その後のアンセム・スタイルの礎になった作品とも言えよう。なお本作リリース後のツアーを最後に坂本はバンドから脱退した。

ANTHRAX

アンスラックス

Among The Living

1987年3月22日発売
Island Records

01. Among The Living
02. Caught In A Mosh
03. I Am The Law
04. Efilnikufesin (N.F.L.)
05. A Skeleton In The Closet
06. Indians
07. One World
08. A.D.I. / Horror Of It All
09. Imitation Of Life

アンスラックスはメタルと〝村外〟とを繋ぐ懸け橋的存在になった

メタリカやスレイヤーなど、アメリカ西海岸を中心にシーンを拡大し続けたスラッシュメタル界隈において、東側のニューヨークから登場したアンスラックスの存在は独特なものがあった。もともとハードコアパンクとの共通点が見受けられたスラッシュメタルだが、特にアンスラックスは課外活動のS.O.D.を通してその界隈に片足を突っ込むほか、パブリック・エネミーとの共演などヒップホップの要素もいち早く導入するなど、ミクスチャーバンドとしてのスタンスも確立。今では当たり前に受け入れられるこの行動も当時は批判を受けることも多かった。しかし、結果として彼らがメタルと〝村外〟とを繋ぐ懸け橋的存在になったことは否定できない。

　そんな中で誕生した3rdアルバムは、『Spreading The Disease』（1985年）から加入したジョー

文◎西廣智一

イ・ベラドナ（Vo.）&フランク・ベロ（Ba.）を含む編成での2作目。前作で形にした「メタルの重厚さとハードコア的スピード感」を強化したほか、1980年前後のUKメタルシーンからの影響が強い複雑な展開を多用したアレンジ、当時のヘヴィメタルではまず考えられないトライバルビートなどを積極的に取り入れることで、アンスラックスならではのオリジナリティを見事に体現。「東海岸にアンスラックスあり！」と高らかに宣言する力作を完成させた。

今でもライブのオープニングを飾ることの多い**01.**や**02.**は、リリースから30年以上経った今もまったく色褪せることのない、スラッシュメタルの定番曲だし、プログレッシヴな展開がたまらない**03.**、独特なツインリードの音階で不穏さを演出する**04.**、ネイティブ・アメリカンの血を引くジョーイが歌うことでより説得力を増す**06.**、8分近くにもおよぶ大作**08.**など個性的な楽曲が満載。シンガロングパートにおいてもメタルというよりもハードコアパンク的な側面が強いことも彼らの特徴で、ステージと客席とが一体となって歌うというよりも、もみくちゃになって暴れながら叫ぶほうが似合っている。そのスポーティーさが同世代のスラッシュ勢とは一線を画する最大の魅力ではないだろうか。

長いキャリアの中で、アンスラックスが全曲披露ライブを行ったのは後にも先にも本作のみ。バンドにとっても本作は非常に重要な1枚であることが窺える。

ARCH ENEMY

アーチ・エネミー

Burning Bridges

1999年5月21日発売
トゥルーパー・エンタテインメント

01. The Immortal
02. Dead Inside
03. Pilgrim
04. Silverwing
05. Demonic Science
06. Seed Of Hate
07. Angelclaw
08. Burning Bridges

メロディック×デスメタルを体現した、そのアンバランスさが妙味

マイケル・アモット（Gu.）が、CARCASS脱退後、弟のクリストファー・アモット（Gu.）と、カーネイジで共に活動していたヨハン・リーヴァ（Vo.）を誘うかたちで結成したアーチ・エネミー。今作は、ダニエル・アーランドソン（Dr.）とシャーリー・ダンジェロ（Ba.）が揃ったタイミングで制作された3rdアルバムだ。

1stアルバム『BLACK EARTH』から続く、重く残虐なデスメタルに美メロを融合させるという方向性を踏襲しつつ、マイケルによるメロディアスな側面がさらに開花。その核となっているのは、やはりアモット兄弟のギターワークだ。兄弟の寸分違わぬハモりが美しいツイン・リードはもちろん、リフやバッキングフレーズまで、歌いたくなるキャッチーさと攻撃性の両面を兼ね備えている。特にキラーリフと名高い**04.**は、疾走するイントロ

文◎後藤寛子

から次々に転調を重ね、ポップと言っても差し支えないサビを経て、J-ROCKでも通用しそうな泣きのギターソロに突入。徹頭徹尾歌い続けるギターに対し、ヨハン・リーヴァは吐き捨てるような極悪デスヴォーカルスタイルを貫く。まさにメロディック×デスメタルを体現したそのアンバランスさが妙味だ。急激な転調やテンポチェンジなどの展開は**02.**や**03.**、**05.**などで多く見られるが、それらがプログレッシヴなものにならず、キャッチーに組み上がっているところにもマイケルの作曲センスが窺える。その歌謡性や、Aメロ、Bメロ、サビといった展開を持つ日本の音楽性との親和性が高かったのか、アーチ・エネミーは本国スウェーデンより先に、日本でブレイク。逆輸入的に本国スウェーデンでの地位を高めることになった。

今作でヨハンがバンドを去り、アンジェラ・ゴソウ（Vo.）を迎えて世界で確固たる支持を集めるのは周知の事実だが、２０１５年のラウドパークにて、アーチ・エネミーのステージにヨハンとクリストファーがゲスト出演し、当時の楽曲を披露するというサプライズ演出が行われて大反響を呼び、今作リリース時のメンバーが揃ったプロジェクト、ブラック・アースが始動した。日本では、今作完全再現をコンセプトに、全国8都市を回るツアーが開催されるという大盤振る舞い。20年の時を超えて、**04.**のリフを歌う特大シンガロングが各地のライブハウスに響き渡ったのだった。

Avenged Sevenfold

アヴェンジド・セヴンフォールド

City Of Evil

2005年6月6日発売
ワーナーミュージック・ジャパン

01. Beast And The Harlot
02. Burn It Down
03. Blinded In Chains
04. Bat Country
05. Trashed And Scattered
06. Seize The Day
07. Sidewinder
08. The Wicked End
09. Strength Of The World
10. Betrayed
11. M.I.A.

聴き手の胸倉を強引に掴んで離さないノリの良さと野獣パワーに、ただただ圧倒される

友人曰く「ガンズ・アンド・ローゼズっぽさがあり、メロディはハロウィンみたいで、すごくいい作品なんだよ！」と猛烈に薦められ、そんなバンドがいるのかと思ったら、本当に存在した。

当時は輸入盤（日本盤は約1年後にリリース）で聴きまくり、ガンズ譲りのバッドボーイズ・ロックンロール的な不良性と、ハロウィンに匹敵するクサメロ炸裂のジャーマン・メタルが合体した曲調に衝撃を受けた。アメコミ風の本作アートワークも新鮮だったし、M.シャドウズ（Vo.）に関してはマッチョな二の腕にタトゥーをビッシリ施し、アクセル・ローズ（Vo.）ばりのティアドロップ型サングラスを着けた風貌もインパクト絶大であった。

ルックスやサウンドから80's メタルへの憧憬をうかがわせる彼らのメジャー第一弾3rdアルバム

文◎荒金良介

であり、その後に出た5thアルバム『Nightmare』、6thアルバム『Hail To The King』が2作連続で全米チャート1位を獲得するものの、個人的には本作が最高傑作だと信じて疑わない。

M.シャドウズはスクリームを極力封印し、歌心全開で迫るヴォーカルに完全シフト。楽曲自体はコンパクトとは言い難く、場面展開の多い複雑な曲調が多いのも事実。けれど、そんな曲構造お構いなしに、聴き手の胸倉を強引に摑んで離さないノリの良さと野獣パワーにただただ圧倒されてしまった。シングル・カットされた**02.**、**04.**はその真骨頂を刻み付けたナンバーと言えるだろう。ザクザクしたリフとピロピロのギター・ソロをふんだんに取り入れ、王道メタルに急接近したアプローチは微笑ましく感じる部分もある。しかし、単なる懐古趣味に陥らず、若さと勢いでモダンにアップデートした楽曲センスは、00年代の新世代メタルを強く印象付ける完成度の高さを誇っていた。

前半**05.**までは口ずさみたくなるキャッチーなメロディの大洪水が続き、アルバム中盤にアコギを用いた珠玉のバラード**06.**を挟み、後半はアイアン・メイデンのプログレッシヴな大作にインスパイアされたような8分前後の楽曲がずらりと並ぶ。ストリングスを効果的に導入したゴージャスな表情を垣間見せながら、**07.**においてはパーカッションやスパニッシュ・ギターが飛び出すなど、やりたいことを全部詰め込みました的な引き出しの多さもアピール。ノリ一発のパーティー野郎とは一線を画したバリエーションの豊かさも堪能してほしい一枚だ。

BABYMETAL
ベビーメタル

METAL GALAXY

2019年10月11日発売
トイズファクトリー

Disc-1
01. FUTURE METAL
02. DA DA DANCE (feat. Tak Matsumoto)
03. Elevator Girl
04. Shanti Shanti Shanti
05. Oh! MAJINAI (feat. Joakim Brodén)
06. Brand New Day (feat. Tim Henson and Scott LePage)
07. ↑↓←→BBAB
08. Night Night Burn!

Disc-2
01. IN THE NAME OF
02. Distortion (feat. Alissa White-Gluz)
03. PA PA YA!! (feat. F. HERO)
04. BxMxC
05. Kagerou
06. Starlight
07. Shine
08. Arkadia

心にメタルがあれば、どんなジャンルも自在に飛び回れる

過去に敬意を払い、現在に波紋を投げ掛け、未来に新たな道を作る。BABYMETALはデビューから今日まで、メタルというジャンルを背負ったパイオニアとして君臨し続けている。しかしながら、人間は刺激や衝撃にすぐに慣れてしまう生き物だ。聴き手の裏をかき、新たな感動や興奮を提示するのは至難の業である。彼女たちの凄さはアニメや映画に出てくるキャラクターのごとく、超人的なスキルで世界中のリスナーをアッ！と驚かせているところだ。

かつて、ジューダス・プリースト、メタリカ、ガンズ・アンド・ローゼズ、コーン、レディー・ガガ、レッド・ホット・チリ・ペッパーズから声をかけられた日本のアーティストがいただろうか。この事実こそが、BABYMETALの特異性を物語っている。横並びの個性ならば必要ない。出る杭は

文◎荒金良介

打たれるならば、出すぎた杭であろう。そんな腹を括った攻めっぷりで、異次元レベルに到達したのがこの3rdアルバムである。

　アイドルとメタルの融合を描いた1stアルバム『BABYMETAL』、メタルのサブジャンルに手を広げた2ndアルバム『METAL RESISTANCE』で着実に階段を昇り、10代の大半をワールドワイドな活動に費やしたSU-METALとMOAMETAL。海外の修羅場を潜り抜け、精神と肉体にメタル魂を刻み込んだ2人は、ここで世界を俯瞰する音楽の旅に出かける。心にメタルがあれば、どんなジャンルも自在に飛び回れる。それを本作で見事に示してくれたのだ。

　今回は新2人体制の初作品に引っ掛けて、初の2枚組仕様となり、それぞれ8曲ずつ全16曲を収録。Disc-1の**02.**はエイベックスのMAXに着想を得たユーロビートとメタルを掛け合わせた仰天ソング！　ほかにインド音楽を取り込んだ**04.**、サバトンのヨアキム・ブローデン（Vo.）を迎えたフォーク・メタル調の**05.**、オシャレ感漂うシティ・ポップ風味の**06.**、ラテン音楽を昇華した**08.**、そして、Disc-2はセパルトゥラを彷彿させるトライバル・ビートに血が滾る**01.**、レゲエを用いたサマー・チューン**03.**、異形のラップ・メタル**04.**、ラストは原点回帰的なメロディック・スピード・メタル**08.**でビシッと締め括る。「光より速く　鋼より強く　使命の道に怖れなく　どれほどの闇が覆い尽くそうと　信じたこの道を行こう」（「Arkadia」）の歌詞はこれまでの道のりを振り返ると、ちょっと感動せずにはいられない。鋼鉄魂、ここにありだ。

BARONESS

バロネス

Gold & Grey

2019年6月14日発売
ソニー・ミュージックエンタテインメント

01. Front Toward Enemy
02. I'm Already Gone
03. Seasons
04. Sevens
05. Tourniquet
06. Anchor's Lament
07. Throw Me An Anchor
08. I'd Do Anything
09. Blankets Of Ash
10. Emmett-Radiating Light
11. Cold-Blooded Angels
12. Crooked Mile
13. Broken Halo
14. Can Oscura
15. Borderlines
16. Assault On East Falls
17. Pale Sun

バロネスの多様性をさらに拡張したカラフルな発想が全編を覆っている

メタルは今後いかにして拡張を遂げていくべきか。あくまでもメタルを骨と肉として維持しつつ、より多様な世界観を表現していくにはどうすればよいか。それらを考える上でバロネスはまさにお手本とも言うべきバンドであり、本作は教科書の一つとも言えるアルバムである。

２００４年にＥＰ『First』でデビューしたバロネスは、マストドンあたりとも通じるスラッジ／サイケデリックな音像をもったバンドとして登場した。以降、アルバム毎にそのアーティスティックで知的な世界観を更新しつつ、ポスト・ハードコア的な側面とプログレッシヴ・メタル的な側面の双方を有した存在として広く注目を集め続けている。

この『Gold & Grey』はそんな彼らのスタジオアルバムとして通算5作目にあたる作品。地を這う

文◎高橋祐希

ようなギター・リフが展開を引っ張り、ヘヴィネス・軽快さ両方を備えたリズムが躍動する**01.**や**03. 07. 13.**といった楽曲や、ジョン・ベイズリーが漢《おとこ》臭く歌い上げるパワー・バラード**08.**といったところを柱として、ミニマル・ミュージック的で美しい**04.**や幻想的なチェンバー・ミュージックの**06.**、ダークなノイズ**09.**、アンビエントな**10.**、実験的なサウンド**12.**を合間合間に差し込んでおり、それまでの作品で見せていたバロネスの多様性をさらに拡張した、カラフルな発想が全編を覆っているアルバムだ。カオティック・プログレッシヴ・ロックと表現できそうな**14.**やジャミング的なグルーヴが魅力の**15.**、壮大なサイケ曲**17.**と、終始聴き応え抜群の名盤である。

本作から新加入となったギタリスト、ジーナ・グリーソンが元シルク・ドゥ・ソレイユの一員という異色の経歴をもっていたり、本作のプロデュースを務めるデイヴ・フリッドマンはメタル畑出身ではなくウィーザーやモグワイ、MGMT、ナンバーガールといったバンドのアルバムを手掛けているような人物であったりと、非メタル要素を効果的に取り込み自分たちの音楽的発想の一部としている点もバロネスの素晴らしいところだ。それでいてハードでヘヴィな轟音というメタルのアイデンティティを一切失っていない点がこのバンドの凄みである。メタルというフィールドでいかに多様性を実現し境界を広げていくべきか。そのヒントと回答はバロネスにある。

BLACK SABBATH《ブラック・サバス》

Master Of Reality

1971年7月21日発売
Rhino

01. Sweet Leaf
02. After Forever
03. Embryo
04. Children Of The Grave
05. Orchid
06. Lord Of This World
07. Solitude
08. Into The Void

この傑作アルバムの完成と同時に初の日本公演の消滅が抱き合わせになったとすれば、それは運命の大いなる皮肉と言うことになる

英米における評価の高さを考えてみると、我が国におけるブラック・サバスの人気の体たらくはいかんともし難い。その歪《いびつ》な不人気の背景にあるのは、オリジナル編成での来日公演が実現しなかったと言うハンディキャップに加えて、彼らが最も光り輝いていた1970年代初頭に、バンドを押し上げようとする、ブラック・サバス贔屓のマスコミや音楽評論家が日本市場に存在しなかったという事実がある。1971年4月に予定されていた初の日本公演が実現していれば、ひょっとしたら日本における彼らを取り巻く環境は劇的に変わっていたかもしれない。ただ、本作のレコーディングが長引いてしまって、公演が中止された可能性もあり、傑作アルバムの完成と同時に初の日本公演の消滅が抱き合わせになったとすれば、それは運命の大いなる皮肉と言うことに

文◎伊藤政則

なる。

　3枚目のこの『Master Of Reality』は、次の4枚目で完成するサウンドの高度な〝整合性〟に対する、いわゆる、前段のスタイルを保持している。つまり、初期2枚が有するダークないかがわしさや、中世の閉ざされた〝村〟の魔女狩りを想起させる恐怖感と言った世界観を、サウンドに流し込んだ作風は継承しつつも、よりダイレクトに届くリアルなヘヴィ・ロックを体現している。オープニングは悪い煙を吸い込んだトニー・アイオミが激しくむせる音で始まる。「Sweet Leaf」とは、そのものズバリである。続く、地を這って聴き手にねじり寄っていく重厚なギター・リフは、このバンドからもはや逃げられないと覚悟を決めたファンを丸ごと呑み込んでいく威力に満ちている。このオープニングの凄まじい緊迫感は、アルバム最後を締めくくる「Into The Void」まで続く。「Into The Void」の強烈な痛みを伴って引きずっていく、粘りのあるリフは、一方では、快楽的な喜びを誘発して、破滅の美学の淵を覗かせる。ライヴの定番曲となる「Children Of The Grave」は、このバンド独特のグルーヴの力強さを際立たせており、回転しながら渦を拡大していく手法が素晴らしい。チューニングを下げてより深くダークサイドを描こうとした最初のアルバムでもあり、**03.**や**05.**のような短いつなぎを入れたことで、全体の流れも見事にまとまっている。オジー・オズボーンの絹を切り裂くようなヴォーカルが、このアルバムの狂気性をさらに高めていることは言うまでもない。

BLIND GUARDIAN

ブラインド・ガーディアン

Somewhere Far Beyond

1992年6月30日発売
Nuclear Blast

01. Time What Is Time
02. Journey Through The Dark
03. Black Chamber
04. Theatre Of Pain
05. The Quest For Tanelorn
06. Ashes To Ashes
07. The Bard's Song – In The Forest
08. The Bard's Song – The Hobbit
09. The Piper's Calling
10. Somewhere Far Beyond

アーサー王伝説やケルト神話など、ファンタジックな異世界をパワー・メタリックに表現することに何より長けている

84年、独クレフェルトでルシファーズ・ヘリテイジとして結成。86年に改名し、88年にデビューを飾った4人組——その第4作。ハロウィンに続くメロディック・パワーの新鋭として注目され、当初はスラッシーですらあるファスト&アグレッシヴなサウンドで頭角を現したが、作を重ねる毎に楽曲のスケール感が増し、遂に本作にて、抜群の疾走感はそのままに、劇的メロディをより効果的に響かせる壮大&壮麗な路線を確立した。

アーサー王伝説やケルト神話、J・R・R・トールキンの『指輪物語』やマイケル・ムアコックの〝永遠のチャンピオン〟シリーズ、スティーヴン・キングの〝ダーク・タワー〟シリーズなど、ファンタジックな異世界をパワー・メタリックに表現することに何より長けており、1曲の中に幾

文◎奥村裕司

つもクライマックスを仕掛け、勇壮かつ壮観なメロディが次々と繰り出されるドラマに次ぐドラマといった楽曲展開が最大の武器だ。また本作では、ケルティックでフォーキーなムードも強化。アコースティック連作**07. 08.** は、パワー・メタルとは対極にある牧歌的幻想ムードが何とも言えず見事で、ライヴでは時にバンド演奏が聴こえなくなるぐらいの大合唱を巻き起こすことも。あまりの人気っぷりに、**07.** を再録して03年にシングルとして発表したところ、本国チャートで第40位にランク・インしたというから凄い。

　本作のラインナップは、ハンズィ・キアシュ(Ba./Vo.)、アンドレ・オルブリッヒ(Gu.)、マーカス・ズィーペン(Gu.)、トーマス〝トーメン〟スタッシュ(Dr.)で、これは05年にトーメンが脱退するまでずっと不動だ。そして、次作『Imaginations From The Other Side』(95)でオーケストレーションをさらに分厚く濃密にし、どんどんシンフォニックな重厚感を増していった彼等は、汎ヨーロッパで絶大な人気を獲得しまくり、一時はメンバー自ら、「俺達はヨーロッパでアイアン・メイデンの次にビッグなバンドだ」と豪語することすらあった。その後、97年にハンズィがヴォーカル専念し、以降はセッション・ベーシストを起用。19年には、オケだけをバックにハンズィが歌い、バンド演奏が一切ないブラインド・ガーディアン・トワイライト・オーケストラ名義によるアルバム・リリースでファンのド肝を抜いた。

BRING ME THE HORIZON

ブリング・ミー・ザ・ホライズン

That's The Spirit

2015年9月11日発売
ソニー・ミュージックエンタテインメント

01. Doomed
02. Happy Song
03. Throne
04. True Friends
05. Follow You
06. What You Need
07. Avalanche
08. Run
09. Drown
10. Blasphemy
11. Oh No

サブスクリプションサービスが普及し始めたタイミングならではの「アルバムというよりプレイリスト」的な作品集

エクストリームメタルのサブジャンルのひとつ、デスメタル／デスコアをベースにした音楽性で活動を開始したブリング・ミー・ザ・ホライズン。2000年代半ばに登場した彼らも、同じUKシーンで活動していたブレット・フォー・マイ・ヴァレンタインと同様、作品を重ねるごとにその音楽スタイルを変化させていったバンドの代表格だ。しかし、BFMVがより王道へと近づこうとしていたのに対し、このBMTHはどんどんオルタナティヴな方向へと進化を続けている。

日本でもそのバンド名が知られるきっかけとなった2ndアルバム『Suicide Season』（2008年）ではデスコアにデジタルサウンドを取り入れ、早くも「単なるデスコアバンドとは違う」ことを匂わせる。そして、4作目『Sempiternal』（2013年）の制作でツインギターの片割れが脱退し、代

文◎西廣智一

わりにキーボーディストが加入したことでアレンジや楽曲のテイストが激変。ミディアムテンポでしっかり聴かせる楽曲スタイルや親しみやすいシンガロングパートの急増など、〝わかりやすさ〟が一気に増したのだ。

その極め付けとなったのが、続く5thアルバムとなる本作だった。メタルコアを軸にしながらも歌メロをじっくり聴かせ、ポップスやオルタナティヴロック、エレクトロなどの要素を織り交ぜることで多様性が急増。内容的にも**02.** **03.** **09.** などアンセミックなスタジアムロックに加え、ストリングスがドラマチックさを演出する**04.**、ヒップホップやR&Bなどからの影響も垣間見える**05.**、もはやデビュー時の面影皆無なエレクトロ調の**08.** など、サブスクリプションサービスが普及し始めたタイミングならではの「アルバムというよりプレイリスト」的な作品集と言えなくもない。

そういった挑戦が時代と見事にフィットし、本作は全英・全米ともに2位という大成功を収める。そして、その方向性を突き詰めることで、続く『Amo』（２０１９年）では一般的なメタルの枠に収めるのが難しい拡散方向へとシフト。このアルバムではついに全英１位を獲得することになる。同作を最後に「アルバム制作はやめる」と宣言した彼らだが、以降はＥＰという形でまとまった作品集をリリース。こういった「プレイリスト的」な制作手法、今思えば本作がターニングポイントだった……そう思わずにはいられない。

BULLET FOR MY VALENTINE

ブレット・フォー・マイ・ヴァレンタイン

Scream Aim Fire

2008年1月28日発売
ソニー・ミュージックエンタテインメント

01. Scream Aim Fire
02. Eye Of The Storm
03. Hearts Burst Into Fire
04. Waking The Demon
05. Disappear
06. Deliver Us From Evil
07. Take It Out On Me
08. Say Goodnight
09. End Of Days
10. Last To Know
11. Forever And Always

古き良き時代の王道感と2000年代ならではのモダンテイストが絶妙なバランスでミックス

HR／HMのサブジャンルでありながら、1980年代の正統派ヘヴィメタルを愛するリスナー層からは「HR／HMに非《あら》ず」的な扱いを受けてきた初期メタルコア界隈。そのシーンから登場したバンドの中でも、ブレット・フォー・マイ・ヴァレンタインはかなり早い段階で正統派メタル方向へと舵を切って、人気／セールスともに成功を収めたひとつではないだろうか。とはいえ、ごく初期の楽曲の時点で王道ヘヴィメタルのテイストは至るところにちりばめられており、聴く人が聴けば「正統派メタルにモダンなテイストを取り入れた若手」という認識だったはずだ。

イギリスで21位、アメリカでも最高128位という好成績を残した『The Poison』（2005年）に続く2作目のフルアルバムは、そんな彼らにとって大きな勝負作となった。前作を携えたツアーに

文◎西廣智一

て、ボーカルのマット・タックが喉を痛めてしまったことで、それまでのスクリームやグロウルを多用した歌唱方法が困難に。このトラブルが制作する楽曲の方向性にも大きく作用し、新作ではクリーントーンで歌うパートが急増。歌メロをしっかり聴かせる作風への変化は、彼らのサウンドや楽曲のスタイルが正統派へヴィメタルの延長線上にあることを気づかせるのに最良だった。

ストレートなスピードメタル**01.**を筆頭に、**02.** **04. 05. 09.**など前作までのスタイルをシンプルな形へとビルドアップさせた楽曲群は、古き良き時代の王道感と2000年代ならではのモダンテイストが絶妙なバランスでミックス。特に**01.**は2000年代を代表するメタルアンセムとして、多くのリスナーに愛され続けているほどだ。また、メジャーキーで進行する爽快感の強い**03.**、エモーショナルな展開を持つメタリックなパワーバラード**08.**、キャッチーなメロディと壮大なアレンジが気持ち良いミディアムナンバー**11.**など楽曲の幅も前作以上の広がりを見せ、消極的な理由で選んだ「スクリームの減退」がそれをも上回るほどプラスへと作用。これが全英4位、全米5位という高記録へと繋がったことは、紛れもない事実だ。

この成功を機に、バンドは以降も「新たな王道メタル」を模索。アルバムごとにさまざまなアプローチを試みるが、残念ながら本作ほどの成功を収めていない。それくらい、このアルバムは当時衝撃的かつ印象的だったということなのだろう。

CARCASS

カーカス

Heartwork

1993年10月18日発売
Earache Records

01. Buried Dreams
02. Carnal Forge
03. No Love Lost
04. Heartwork
05. Embodiment
06. This Mortal Coil
07. Arbeit Macht Fleisch
08. Blind Bleeding The Blind
09. Doctrinal Expletives
10. Death Certificate

メロディック・デス・メタルという新たなジャンルを切り開いた、
メタルの歴史に燦然と輝く名盤

カーカスの登場は衝撃であった。88年のデビュー・アルバム『Reek Of Putrefaction』のジャケットは、本物の死体写真がギッシリとコラージュされ、当時日本に入ってきた輸入盤の中には性器部分が黒く塗りつぶされているものまであった。22曲入りで39分。曲名はすべて「吐き戻された肛門管」みたいな感じで、さらに中身は極悪音質でほとんど何をやっているか聞き取れないグラインドコアと、とにかくめちゃくちゃの極みであった。ところが、セカンド・アルバム『Symphonies Of Sickness』では曲も「普通の」長さとなり、それなりに華麗なギターソロまで聞かせるようになる（内ジャケは相変わらず死体コラージュだったが）。

　90年、カーカスに大きな転機が訪れる。現アーチ・エネミーのギタリスト、マイケル・アモット

文◎川嶋未来（SIGH）

の加入だ。実はセカンドのリリース以前も、ビル・スティアは一度マイケルをカーカスに誘っている。しかし、この時はマイケルが拒否（『Reek of Putrefaction』が酷すぎたので、あれなら自分でバンド、カーネイジを続けている方が良いと思ったからだそう!）。そんなマイケルを迎えて制作されたサード・アルバム『Necroticism – Descanting The Insalubrious』ではデス・メタルの範疇に留まりながらも、さらにメロディックなアプローチを見せる。

そして、その2年後にリリースされた本作で、ついにその後メロディック・デス・メタルと呼ばれることになるまったく新しいスタイルを提示してみせる。当時、どのバンドも同じようなサウンドになってしまったデス・メタルにウンザリしていたというマイケル。もともとNWOBHMを聴いて育ったビルも、この頃一周回って再びトラディショナルなヘヴィメタルを好むようになっていた。**06.** のメインリフができた時、マイケルは「これはまったく新しい音楽だ」と思ったそう。一方で、この新しいスタイルに、どうファンが反応するかが気がかりだったという彼らだが、その不安はある程度的中する。日本では、逆に本作でカーカスが認知された感もあったのだが、欧米においては悪いレビューも少なくなく、セールス自体も振るわなかったのだ。だが、今では本作は、メロディック・デス・メタルという新たなジャンルを切り開いたメタルの歴史に燦然《さんぜん》と輝く名盤として認知されるに至っている。新しすぎるものが理解されるには、時間が必要という好例だ。

CATHEDRAL

カテドラル

Forest Of Equilibrium

1991年10月21日発売
Earache Records

01. Picture Of Beauty & Innocence (Intro) / Comiserating The Celebration
02. Ebony Tears
03. Serpent Eve
04. Soul Sacrifice
05. A Funeral Request
06. Equilibrium
07. Reaching Happiness, Touching Pain

これぞ、聴き手をじっとりと洗脳していく、イリーガルな音楽

遅くて、重い。ブラック・サバスが開拓した道を、さらに掘り下げるのがドゥーム・メタルだ。

ナパーム・デスに所属し、どこまでも速い音楽を求めていたリー・ドリアンが、どこまでも遅い音楽を作る。サイケデリック、プログレッシヴ、フォークなど、ロックの本道ではなく側道に転がる養分をかき集めながら泥水で煮込んだようなカオス。どんなにカラフルな絵の具を混ぜようが、最後に大量の黒をぶちまければ、濃い灰色を発するように、カテドラルの音楽は淀みながら妖しく発光する。

とにかく遅い。とにかく重い。初めて聴いた人は、この再生スピードで合っているのかと疑うはずだが、これぞ、聴き手をじっとりと洗脳していくイリーガルな音楽。リフが体に覆いかぶさって

文◎武田砂鉄

くる。ギャリー・ジェニングスのリフワークは重石のようだ。デビュー作がリリースされたのは１９９１年。アメリカではグランジ／オルタナが勃興し始めるが、そこにある陰鬱さとは構造が異なる。グランジのそれが内省的だったとすれば、ドゥームメタルのそれは世界をまるごと沈めるような圧がある。このアルバムを何度か再生すれば、その「まるごと」が読み解けるはずである。

　デビュー作から作品を重ねていく中で、緩急を覚えていくが、低いリフを主軸にする姿勢に変化はない。98年の5枚目『Caravan Beyond Redemption』でキャッチーささえ獲得するが、泥沼から顔を出したポップセンスは、最終的には低く沈んでいく。沈むために舞う、という彼ら特有の手法は、いくつかの同型バンドを生んだが、結局のところ、始祖が別格であると立証しただけとなった。

　２０１３年の『The Last Spire』を最後に解散したが、リーは、With The Dead や Septic Tank としての活動を続けながら、自身のレーベル・Rise Above Records でバンドの発掘を続けている。

　ブラック・サバスが解散した現在、低い・重い・遅いという、世間の多くが求めているわけでは思えない、だが一部が熱狂的に求め続ける三拍子を提供してくれるのはやはりリー・ドリアンに違いない。このバンドが生まれてから30年が経過したが、リーとギャリーは Septic Tank で活動を共にしている。Cathedral としての再始動を期待し続けたい。

CELTIC FROST

セルティック・フロスト

To Mega Therion

1985年10月27日発売
Noise Records

01. Innocence And Wrath
02. The Usurper
03. Jewel Throne
04. Dawn Of Meggido
05. Eternal Summer
06. Circle Of The Tyrants
07. (Beyond The) North Winds
08. Fainted Eyes
09. Tears In A Prophet's Dream
10. Necromentical Screams

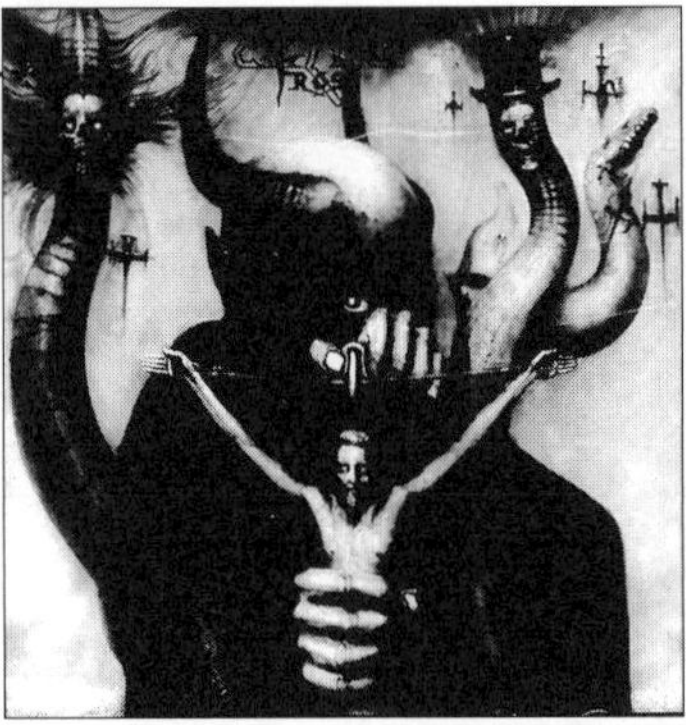

不穏かつ不吉な黙示録の世界を音と曲と歌詞で展開する殺伐としたエナジーに、畏怖の念すら抱く

2000年代の終盤以降はトリプティコンで意欲的な活動をしているスイス出身の〝メタル戦士〟トム・G・ウォリアー（Vo./Gu.他）が率いた、最重要ヘヴィ・メタル・バンドのファースト・フル・アルバム。いぶし銀の輝きの残虐な気品と威厳に満ちた究極のエクストリーム・メタルだが、スラッシュ・メタル、ドゥーム・メタル、ブラック・メタルをやっているわけではない。そのすべてのオリジネイターの一つだからこそ決まり切ったスタイルを根元から破壊する混血作だ。

たとえ速いパートだろうと米国産スラッシュ・メタル・バンドによくあるスッキリ感の真逆で気が晴れず陰鬱に加速し、ドゥーミーなスロー・パートも遅いだけでなくサウンドが重く粘っこく底無しの終末感で覆い尽くす。短めの曲も効果的に使い、不穏かつ不吉な黙示録の世界を音と曲と歌

文◎行川和彦

詞で展開する殺伐としたエナジーに畏怖の念すら抱く。何しろ意識が宿る楽器の音や歌声そのものの鳴りが強靭である。一切のポーズ無しということはヤバい空気プンプンの凶暴な響きから伝わってきて、ギター・ソロひとつとっても危険だ。ドヤ顔が目に浮かぶ尊大な調子のヴォーカルが冴えわたるトム独特の「ウッ！」という掛け声も、バッチリ収録されている。

80年代初頭のUKハードコア・パンク・スタイルから移行しつつあった頃にナパーム・デスがファーストの『Scum』（1987年）で、本作のクールなスロー・リフから影響を受けたこともよくわかる音だ。トリオ・バンド編成でのレコーディングながら曲によってフレンチ・ホルンや女性ヴォーカルがゲストで参加し、邪悪でありながら格調が高くて彫りの深い仕上がりに一役買っている。母国のアーティストの〝先輩〟で映画『エイリアン』のエロチックな造形デザインで知られるH・R・ギーガーが手がけたジャケットも、本作の表現にフリーキーな息を吹き込んでいる。

次作の『Into The Pandemonium』（1987年）ではゴシック・メタルを先駆け、続く『Cold Lake』（1988年）ではLAメタルに接近するなど、以降しばらく路線転換したのも、絶対的な完成度ゆえにこのアルバムが自分たちも超えられない壁だったからである。エクストリーム・メタルの最高峰と断言したい。

CHILDREN OF BODOM

チルドレン・オブ・ボドム

Hate Crew Deathroll

2003年1月6日発売
ユニバーサル ミュージック

01. Needled 24/7
02. Sixpounder
03. Chokehold (Cocked 'N' Loaded)
04. Bodom Beach Terror
05. Angels Don't Kill
06. Triple Corpse Hammerblow
07. You're Better Off Dead!
08. Lil' Bloodred Ridin' Hood
09. Hate Crew Deathroll

バンドのスケールを大きく広げ、本作で本国フィンランドにて初の1位を獲得

80年代に多くのギターヒーローが誕生し活躍を続ける傍ら、90年代はリフがメインのヘヴィロックや個性的なグルーヴを生み出すリズムパートの人気が高まる傾向にあった。そんな中、00年代メタルシーンを衝き動かすギターヒーローとして登場したのが、チルドレン・オブ・ボドムのアレキシ・ライホだ。10代で結成し、ヴォーカル&ギターとしてバンドを率いながら、ほぼ全曲の作詞作曲を担当。なんと18歳でデビューアルバム『Something Wild』をリリースした。早熟の才能、華やかな容姿でヴォーカルを務めながらテクニカルなギターを弾きまくる姿は、まさに新世代のロックスターというべき存在感を放った。

4thアルバムとなる今作は、そんなアレキシ節と、当時全員が20代だった各メンバーの高いスキルが、アグレッシヴな方向に結実。スラッシーで

文◎後藤寛子

ヘヴィなリフが増えて音に厚みが増し、特に従来からの持ち味であるヤンネ・ウィルマンのキーボードとギターフレーズの絡みがより個性的なレベルに昇華した。疾走感満載の**01.**から、ミドルテンポでリフを刻む**02.**、シンフォニックなイントロとギターのハモりが美しい**05.**、**06.**では「ＷＯＷＷＯＷ」と掛け合いのコーラスが入るなど、モダンヘヴィネス的アプローチも新しい。デスメタルの様式美を継承しながら、さらにキャッチーな要素が加わったことで、バンドのスケールを大きく広げ、本国フィンランドではアルバムで初の１位を獲得。日本でも高い評価を得た。アルバムを締め括るタイトル曲である**09.**は、力強いリフとアレキシの咆哮を軸に突き進みながら、中盤のキメとギターソロ、さらにサビ裏で響くメロディアスなギターフレーズと、チルドレン・オブ・ボドムの美学が詰まった名曲だ。

　若くしてデビューしてこれだけはっきりと独自のスタイルを築き上げてしまった反動か、その後はバンドの方向性をなかなか更新するに至らず、人気は継続しながらも、２０１９年にメンバーが離別。バンドは事実上解散を迎える。さらに、２０２０年12月にアレキシが急逝し、41歳という早すぎる終焉に世界中が悲しみに暮れた。10代でギターヒーローとなり、約20年で歴史を閉じたチルドレン・オブ・ボドム。その鮮烈な個性と功績は、メタル史に深く刻まれている。

CODE ORANGE

コード・オレンジ

Underneath

2020年3月13日発売
ワーナーミュージック・ジャパン

01. (deeperthanbefore)
02. Swallowing The Rabbit Whole
03. In Fear
04. You And You Alone
05. Who I Am
06. Cold.Metal.Place
07. Sulfur Surrounding
08. The Easy Way
09. Erasure Scan
10. Last Ones Left
11. Autumn And Carbine
12. Back Inside The Glass
13. A Sliver
14. Underneath

グラミー賞ノミネートの前作から本作にて野心的・衝撃的な変貌を遂げる

米国出身のコード・オレンジによる最新作は、現在シーンの最前線で旗を振っている作品と呼ぶにふさわしい画期的なアルバムだ。バンドのデビューは２０１２年。ハードコア・パンクやメタルコアを核としつつ、エレクトロニカやヒップホップ等さまざまな影響元を咀嚼した上でメタルを表現するスタイルを武器とし、コンヴァージのカート・バローによるプロデュースを受け1st、2ndとリリースを続けた。レーベルをロードランナー・レコードへと移し発表された２０１７年の『Forever』では音楽性をさらに進化させ、ドゥーム／ストーナー的な激重リフを主体としたヘヴィネスを披露。バンドの知名度・注目度は一気に高まり、同作でグラミー賞ノミネートを果たす結果をもたらした。

その成功から3年ぶりにリリースされたこの『Un

文◎高橋祐希

derneath』で、コード・オレンジは野心的・衝撃的な変貌を遂げ我々の度肝を抜く。冒頭からいきなり不穏かつ強烈なノイズを響かせ、間髪を容れず **02.** ではプログラミング・サウンドも交えたメタリックなハードコアでリスナーを殴りにかかる。以降、すさまじいテンションとギラつきと凶暴さに満ちた楽曲で全編を一気に聴かせる当代最強格のアルバムだ。サンプリングやデジタル要素を大胆に導入しているが、それにより楽曲のインパクトとメリハリはむしろ向上。冷酷極まりないインダストリアル・メタル感は近年のミニストリーとも共通し、また容赦なくヘヴィネスを畳み掛け押しつぶしてくるその殺傷力はストラッピング・ヤング・ラッドあたりにも通じる。フー・ファイターズやラッシュ、コーンを手掛けるニック・ラスクリネッツ、ナイン・インチ・ネイルズやマリリン・マンソンらの作品に参加していたクリス・ヴレナを制作陣に加えたことも、隙のない一流のメタル・サウンドを構築する上で効果的に作用している。

またこのバンドに関して見逃してはならないのが、メロディーの根底にあるグランジ／オルタナからの影響だ。彼らは本作の後アンプラグド・ライヴ盤『Under The Skin』をリリースしており、装飾が取り払われたことでそこに宿るオルタナ要素がむき出しとなった楽曲の姿を確認することができる。ぜひ本作とセットで聴き、コード・オレンジのヘヴィネスの深さ・濃さを感じ取ってほしい。

CONVERGE
コンヴァージ

Jane Doe

2001年9月4日発売
Equal Vision Records

01. Concubine
02. Fault and Fracture
03. Distance and Meaning
04. Hell to Pay
05. Homewrecker
06. Broken Vow
07. Bitter and Then Some
08. Heaven in Her Arms
09. Phoenix in Flight
10. Phoenix in Flames
11. Thaw
12. Jane Doe

「21世紀のメタル」を世に示したマスターピースにして メタルコア不滅の名作

1990年にマサチューセッツで、ヴォーカリストのジェイコブ・バノンとギタリストのカート・バルーを中心に結成されたコンヴァージが、ベーシストにネイト・ニュートン、ドラマーにベン・コラーを迎えて完成させた4作目のアルバム。優秀なミュージシャン2人が加わったことで、作曲・演奏面ともに進化／深化を遂げ、メタルコア不滅の名作が誕生した。この時点ではまだ在籍していたセカンド・ギタリストが本作リリース後に脱退して以降、バンドはこの4名が不動のラインナップとなっている。

　魂を切り裂くような絶叫とともに、ステージでカリズマティックなオーラを放つジェイコブは、彼らのアイコンとなった本作のジャケットをはじめ、美麗なアートワークも手がけるグラフィック・アーティストであり、さらにデスウィッシュとい

文◎鈴木喜之

うレーベルも運営。一方のカートは、地元マサチューセッツにゴッドシティというスタジオを構え、数多くのバンドをプロデュースするレコーディングのプロフェッショナル。そして、自らがフロントに立つドゥームライダーズをはじめ、複数のバンドで活躍するネイトは、それらが対バンする時は2組のセットを連続でこなしてみせるタフガイ。同じくミュートイド・マンなど多くのバンドでブッ叩きまくるベンは、手練《てだ》れの多いこの界隈でも特筆すべき豪腕プレイヤーだ。こうした破格の能力を携えた4人が、バンド名の通り一極集中して巻き起こす凄まじい音の渦は、まさしくエクストリーム・ミュージックの究極形（二重表現！）であり、それを初めて完璧に刻みつけた本作は、各方面から絶賛の嵐を浴びた。多くのメディアで「00年代のベスト・アルバム」に選出され、カート自身も「最初から最後まで誇りに思える最初のアルバムだ」と発言している。

　オープニング・トラックからいきなり持っていかれ、いったんテンポを落とした不穏なナンバー**04.** でタメておいてからの、**05.** で何もかも吹き飛ばす大爆発、ラストを飾る11分超のタイトル曲まで、ひたすらアグレッシヴに尋常でないテンションを保ちながら、同時に、しっかりと耳を引くフックも持ち合わせている。2017年には、このアルバムを完全再現したライヴ作品『Jane Live』もリリースされた。

　コンヴァージの名をシーンに轟かせた本作は、まさしく「21世紀のメタル」を世に示したマスターピースだが、その発表から20年を経た現在もなお、彼らは着実に前進し続け、ハードコア／メタルの最突端に屹立《きつりつ》し続けている。

Crossfaith

クロスフェイス

EX_MACHINA

2018年8月1日発売
ソニー・ミュージックエンタテインメント

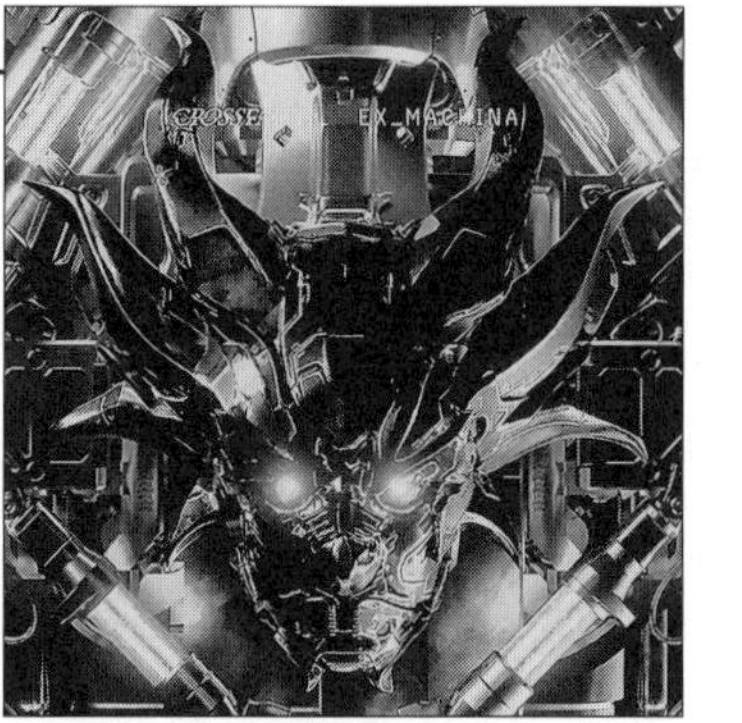

01. Deus Ex Machina
02. Catastrophe
03. The Perfect Nightmare
04. Destroy (feat. Ho99o9)
05. Freedom
(ft. Rou Reynolds from ENTER SHIKARI)
06. Make A Move
07. Lost In You
08. Wipeout (Album Mix)
09. Milestone
10. Eden In The Rain
11. Twin Shadows
12. Daybreak
13. Faint (feat. Masato from coldrain)

SF的表現のもとに現代社会に警鐘を鳴らし、
形骸化しつつある日本のロックシーンに容赦ない疑問符を叩きつける

２００６年に大阪で結成後、エレクトロニカとメタル／ハードコアを掛け合わせたオリジナリティ溢れる音楽性を打ち出し、デビュー・アルバム『The Artificial Theory For The Dramatic Beauty』で大きな注目を集めたCrossfaith。「ほかにはない個性」を追求し続ける彼らは、国内でジャンルを問わない活動を繰り広げる傍ら、初期から積極的に海外にも目を向けていた。3rdアルバム『APOCALYZE』で世界デビューを果たすと、翌年ダウンロード・フェスティバル２０１４のメインステージに出演。日本人アーティストとして約10年ぶりとなるこの快挙は、草の根的にワールドツアーを回り、自らの実力で摑み取ったものだ。

結成10周年を超えた２０１８年、常に型破りでオフェンシブなCrossfaithのスタイルが結実したのが今作である。マシンやジョシュ・ウィルバー、

文◎後藤寛子

ドリュー・フルクら海外のプロデューサーとの経験を経て、7年ぶりのセルフプロデュースに挑戦。ＡＩが人類を支配した近未来、人間としての「個」を取り戻すための戦いというコンセプチュアルな世界観を描ききった。ＳＦ的表現のもとに現代社会に警鐘を鳴らし、形骸化しつつある日本のロックシーンに容赦ない疑問符を叩きつける。ただラウドなだけでも、アッパーなだけでもない、掲げた「個の覚醒」というテーマこそが、Crossfaithの真髄だ。映画のサウンドトラックのようなＳＥで幕を開け、**01.** **02.** と続くデジタルなビートとメタリックなリフの応酬は、Crossfaith 節でありながら、そのレベルを自ら上書きしていく過激さ。直系の音楽性で公私ともに交流のあるエンター・シカリのラウ・レイノルズを迎えた **05.** の相性の良さはもちろん、ヒップホップデュオ Ho99o9 を迎えた **04.** など、コラボレーションでの刺激もさらに活性化。**09.** や **10.** のメロウなバラードを経て、シンフォニックメタルの様式美を Crossfaith 流にアップデートした **12.** も圧巻だ。そして、今作リリースの前年に急逝したリンキン・パークのチェスター・ベニントンを偲ぶ **13.** には、ルーツへの深い愛情とリスペクトが刻まれている。

　今作をひっさげてヨーロッパ、アジア、国内とツアーを重ねた彼らは、２０２０年１月に主宰レーベル「Species Inc.」を立ち上げた。ますます加速する独自の進化に期待したい。

DEAD END《デッド・エンド》

DEAD LINE

1986年6月30日発売
Danger Crue Records

01. Spider In The Brain
02. Frenzy
03. Back In The Shadows
04. The Awakening
05. Sacrifice Of The Vision
06. Definitive Urge
07. Perfume Of Violence
08. Beyond The Reincarnation
09. Replica
10. Worst Song

MORRIEの攻勢的な歌唱スタイルと魑魅魍魎な歌詞世界は、他のジャパメタ勢とは一線を画す

デッド・エンドの「この1枚」に何を選ぶかで、その人がどういったシーンに身を置き、どんなサウンドに魅力を感じるかが透けて見えてくる。1980年代半ばのジャパメタシーンから登場したバンドではあるが、その奇抜なスタイルがのちのヴィジュアル系界隈にも多大な影響を与えた事実もあり、中には彼らのことをメタルバンドと認識していないメタルリスナーもいるのではないだろうか。

　しかし、彼らがインディーズで発表した1stアルバムは正真正銘のヘヴィメタル作品だ。むしろ彼らがここまでメタルに特化したアルバムを制作したのは、後にも先にもこれ1枚。しかも、のちにメインソングライターとして才能を開花するYOU（Gu.）は楽曲制作時にはバンドに参加しておらず、レコーディングもギターソロと一部バッキ

文◎西廣智一

ングのみという異色の内容だ。本当の意味でデッド・エンドがスタートするのは、メジャーデビュー作である次作『Ghost Of Romance』（1987年）でのことだが、〝メタルの基本〟という観点で考えればこの1作目を選ぶことに納得という方も多いはずだ。

初代ギタリストのTAKAHIROが大半の楽曲を作曲（ギターバッキング録音も担当。本作制作終盤に脱退）、当時のドラマーTANOがプロデュースを担当するという点ものちのデッド・エンドとの大きな違いだが、すでに彼ららしいダークさは強く表出している。MORRIEの攻勢的な歌唱スタイルと魑魅魍魎《ちみもうりょう》な歌詞世界も他のジャパメタ勢とは一線を画すものだし（それがのちのヴィジュアル系にもつながるわけだが）、マイケル・シェンカーからの影響濃厚なYOUの美メロフレーズの数々は、B級色漂う楽曲群を数段高いものへと昇華させている。**01. 02. 04. 07.** などライブでの定番曲はメタルとしての強度も高く、（録音状態はさておき）楽曲としてのクオリティは今の耳にも十分に通用するものがある。また、〝COOL〟JOE（Ba.）が作曲した**06.** からはハードコア的な側面も感じられ、早くも次作以降の変化の片鱗を感じさせる。

そんな〝メタル期〟デッド・エンドを象徴する本作、2009年に一度再発されているものの、現在は廃盤状態。ストリーミングでも配信されていない。彼らの原点という以上にジャパメタ史における重要作に誰もが触れられる状況になることを願っている。

DEAFHEAVEN

デフヘヴン

Sunbather

2013年6月11日発売
Daymare Recordings

01. Dream House
02. Irresistible
03. Sunbather
04. Please Remember
05. Vertigo
06. Windows
07. The Pecan Tree

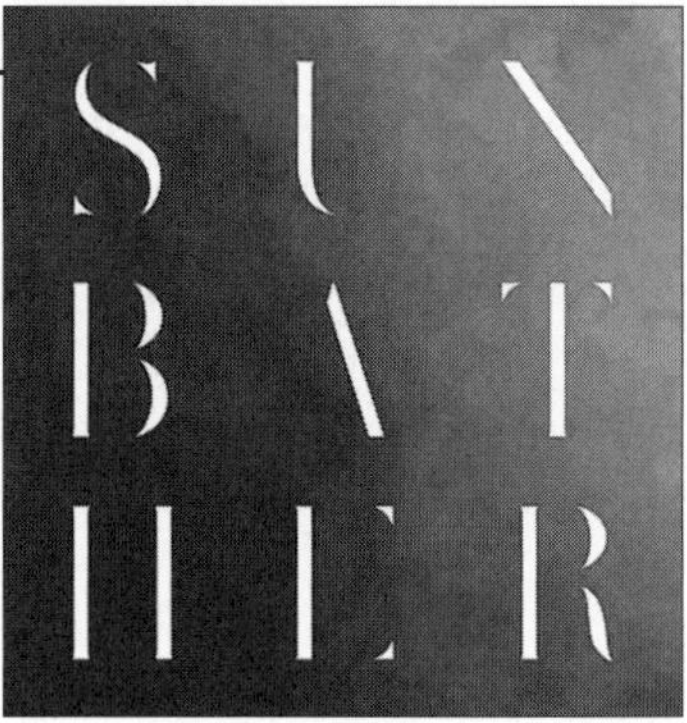

ここ10年ほどのメタル・シーンにおいて「ゲーム・チェンジ」を決定づけたマイルストーン

北欧で、教会を燃やしたり人を殺したりと、ひたすら禍々しい空気を漂わせていたブラック・メタルから、その先鋭的な音楽要素を継承したポスト・ブラックとかブラックゲイズと呼ばれるジャンルが発展したことは、ここ10年ほどのメタル・シーンにおいて見逃せない事象のひとつだと言える。そして、このデフヘヴンこそ、そうしたシーンの最重要バンドのひとつであり、本作『Sunbather』は「ゲーム・チェンジ」を決定づけたマイルストーンだ。トゥーシェ・アモーレのニック・ステインハートがデザインしたジャケットのアートワークも、彼らの斬新な存在感を強く印象づける。

　デフヘヴンは、アンダーグラウンドのメタル・シーンにおいては却って珍しいロック・スター的な資質を持つシンガーのジョージ・クラークと、

文◎鈴木喜之

モリッシーやアット・ザ・ドライヴ・インのTシャツを着てステージに立つギタリストのケリー・マッコイという、親友同士によって結成された。ヴィクトリア時代の詩を読みふける文学性をそなえたジョージと、ナード眼鏡ルックスながら音楽面の要となるケリーの絶妙な組み合わせが、このバンドを表層的な面白さから突き抜けた次元にまで到達させる原動力となっている。

　さらに、本作のレコーディング直前になって、卓越したテクニックを有するドラマーのダニエル・トレイシーが加入。プロデュースは、最初のデモ音源から一貫してデフヘヴンの作品に関わり続けているジャック・シャーリーが担当し、前作ファースト『Roads To Judah』に引き続きコンヴァージのジェイコブが運営するデスウィッシュからリリースされた。

ジョージとケリーの絆が強すぎるせいか、当初はなかなか他のメンバーが定着しない状態も見受けられたものの、『Sunbather』完成後に加入したギタリストのシャイヴ・メーラがダニエルと良いコンビネーションを築き上げ、2組の「バディ」が、うまくバンド内バランスをとるようになったそうだ。5人編成のバンドとして固まってきたことで、今後さらに驚くべき音を聴かせていってくれるに違いない。それは間違いなく〝メタルの未来〟のひとつだと思う。

　なお、２０２０年にはバンド結成10周年を記念して、コロナ禍の下、スタジオ・ライヴによって新録音された変則的なベスト・アルバム『10 Years Gone』がリリースされた。そこでも本作からは最多となる3曲（**01. 05. 07.**）が選ばれ、クライマックスを形作っている。

DEATH

デス

Scream Bloody Gore

1987年5月25日発売
Relapse Records

01. Infernal Death
02. Zombie Ritual
03. Denial Of Life
04. Sacrificial
05. Mutilation
06. Regurgitated Guts
07. Baptized In Blood
08. Torn To Pieces
09. Evil Dead
10. Scream Bloody Gore
11. Beyond The Unholy Grave
12. Land Of No Return

チャックのブルータルな唱法は、その後デス・メタル・ヴォーカルの1つの基準となった

80年代の終わり、スラッシュ・メタルよりもさらに過激なスタイルとしてデス・メタルが大きなブームになった、という説明は誤りではない。だが、実際はもう少々事態は複雑だ。デス・メタルのプロトタイプを作ったとされるポゼッストが、その名もズバリ『Death Metal』というデモをリリースしたのが84年。そのポゼストから大きな影響を受け、デス・メタルというスタイルを確立したと言えるこのデスも、同じく84年に『Death By Metal』というデモを出している。メタリカやスレイヤーのアルバム・デビューが83年、「スラッシュ・メタル」という言葉が公に使われたのが84年とされている訳であるから、スラッシュとデスは同時並行的に発展した兄弟のような存在とも言えるのだ。

チャック・シュルディナー、そしてマサカーの

文◎川嶋未来（SIGH）

フロントマンとしても知られるカム・リーらにより、デスが結成されたのが83年（結成当時の名前はマンタス）。84年には、前述の『Death By Metal』を含むデモやリハーサル・テープを大量にリリースしているが、これらの作品、現在では簡単にYouTube等で見つけることができるので、ぜひ聴いてみて欲しい。そのスピード、激しさに驚くはずだ。まだエクソダスすらアルバム・デビューを果たしていない84年、アンダーグラウンドでは、ブラストビートに迫る速度に達していたのである。

そんなデスがやっとアルバムをリリースしたのが87年のこと。まさに満を持してのデビューであった。3年かかって、やっと時代がデスに追いついたのである。参加しているのはチャックと、後にオートプシーを結成するクリス・リーファートの2人のみ。以前のデモ群よりはスピードは抑えめであるが、独特のリズム感を持ったクリスのドラミングが、疾走感を煽る。チャックのブルータルな唱法は、その後デス・メタル・ヴォーカルの1つの基準となった。本作は確実にエクストリーム・メタルの新たな扉を開いた1枚である。

翌88年のセカンド・アルバム『Leprosy』で、デスは再度デス・メタルというスタイルを定義。そして、アンダーグラウンドのメタルシーンは、あっという間にデス・メタル一色になっていく。さらにその後、テクニカル・デス・メタルというスタイルの誕生にも一役買ったデスであるが、01年、チャックはわずか34歳でこの世を去ってしまった。もし今も存命であったら、50歳を超えた彼はどんな音楽をプレイしていただろう。

DEF LEPPARD

デフ・レパード

Hysteria

1987年1月1日発売
ユニバーサル ミュージック

01. Women
02. Rocket
03. Animal
04. Love Bites
05. Pour Some Sugar On Me
06. Armageddon It
07. Gods Of War
08. Don't Shoot Shotgun
09. Run Riot
10. Hysteria
11. Excitable
12. Love And Affection

音数が過剰なわけでは決してなく、ひとつひとつの要素が入念すぎるほどに精査され機能的に噛み合っているからこその結果

メタル史においては、まずアイアン・メイデン等と共にニュー・ウェイヴ・オブ・ブリティッシュ・ヘヴィ・メタルの黎明期を象徴する存在と記されることの多いデフ・レパードだが、そこを出自とするバンドすべてが音楽的に同傾向にあったわけではない。ハード・ロックの先駆者たちばかりではなく70年代のグラム・ロックに洗礼を受け、煌びやかで華のあるアーティストたちが放つコマーシャルなヒット・ソングに愛着をおぼえてきた彼らの持ち味は、作品を重ねていくごとに洗練され、なおかつ80年代なりのテクノロジーの恩恵も授かりながら、モダンで画期的なフォルムへと磨きあげられていった。そうした彼らならではの型が完全確立されたのが、オリジナル第4作にあたる本作でのことだった。

ただ、結果的には英米双方のアルバム・チャー

文◎増田勇一

トで自己初となる首位獲得を果たし、全世界でのセールスが2、500万枚を超えるほどの怪物級ヒット作になってはいるが、こうした作品像へと至ったのはいくつかの信じ難い偶然の重なりによるものでもあった。リック・アレン（Dr.）が自動車事故により左腕を失うという悲劇に見舞われたのは、1984年末のこと。脱退もやむなしという状況を、同朋意識の強さと片腕で演奏可能なドラム・キットの開発により乗り切った彼らではあったが、BPMの速い攻撃的な曲を演奏するのには無理が伴った。しかも前2作からの連続起用となったプロデューサーのマット・ラングは凝り性な完璧主義者としても知られ、制作期間は延びに延びた。ただ、そうした経過の中でバンドは新たな基本形とでもいうべきものを築き上げることに成功したのだ。

実のところ、音像的にはメタル然とした感触の強い作品とはいえない。ただ、パーフェクトに構築されたブライトなその音像から「機械的で装飾の多い音」と解釈するのはあまりに短絡的だ。音数が過剰なわけでは決してなく、ひとつひとつの要素が入念すぎるほどに精査され、機能的に噛み合っているからこその結果なのだ。その事実は、本作からの楽曲がヴォーカル・ハーモニーも含めて完璧な形で再現されるライヴ・パフォーマンスにも裏付けられている。こうした革新的作品が結果的にスティーヴ・クラーク（Gu.／1991年1月に他界）の遺作となったことは残念としか言いようがないが、本作の煌めきは今も失われていない。

DEFTONES

デフトーンズ

Around The Fur

1997年10月28日発売
ワーナーミュージック・ジャパン

01. My Own Summer (Shove It)
02. Lhabia
03. Mascara
04. Around The Fur
05. Rickets
06. Be Quiet And Drive (Far Away)
07. Lotion
08. Dai The Flu
09. Headup
10. MX

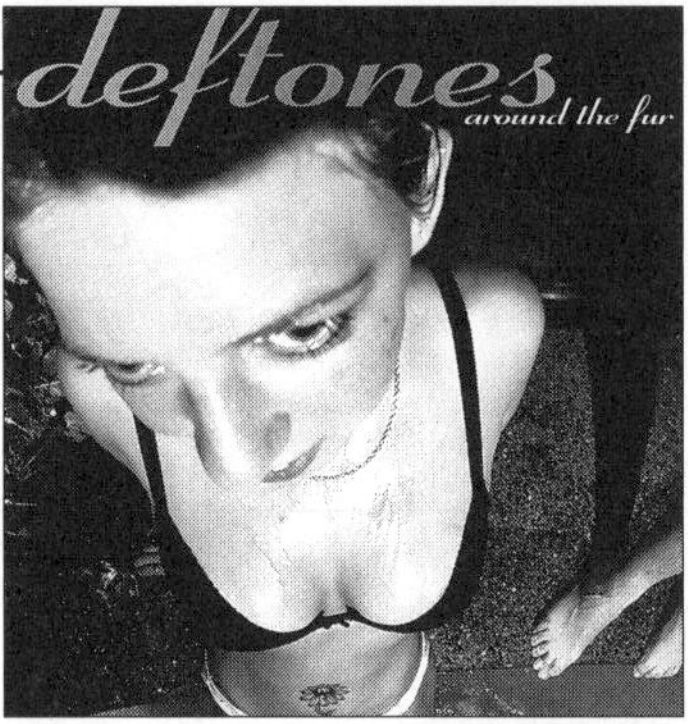

繊細さを保ちながら、一気に奥底から突き上がってくる轟音が耳を襲う

デフトーンズの音楽は官能的だ。体にまとわりついてくる。凹凸が合致する快感がある。バンドがカリフォルニア州サクラメントで結成されたのは１９８８年のこと。地元を中心にライブ活動を行なっていたが、マドンナが設立したレーベル「マーヴェリック」が、その活動に目に留めた。『アドレナリン』でデビューしたのが、95年。その後も長らくタッグを組むテリー・デイトのプロデュースによるデビュー作は、やや存在感の薄いアルバムで、磨かれる前の個性が小さくまとまってしまっている。情感をダイレクトに発出し、交互にやってくる静寂と激音が高低差を生むという彼らしさが見えにくい。

コーンをはじめとしたヘヴィロックの潮流が動き始めた時期ということもあり、「ワープド・ツアー」など、とにかく各地でライブを繰り返しなが

文◎武田砂鉄

ら、バンドの基礎体力を高め続けた。

　デビュー作と、2作目となったこの作品の差異にこそ、デフトーンズの醍醐味、孤高性が詰め込まれている。このダイナミズム。繊細さを保ちながら、奥底から突き上がってくる轟音が一気に耳を襲う。チノ・モレノの絶叫と呻きを混ぜ合わせたヴォーカルが荒波を乗りこなすように自由に泳ぎ渡る。ステファン・カーペンターのギターが、ミドルテンポの楽曲に、いくつもの歪みを埋め込んでいく。

　決して、ラジオ受け、ＭＴＶ受けする楽曲ではない。そもそも即座に理解できる音楽ではない。人間の内部にある感情を整理せずに複雑なまま差し出してみる行為は、いつの時代にもラディカルに作用する。セパルトゥラ、ソウルフライのマックス・カヴァレラが参加した**09.**がスタンダードなヘヴィロックナンバーに聴こえてしまうほど、彼らの音楽は特殊な力を有している。

　以降、ビルボードチャート上位に軒並みランクインするなど人気を広げていくが、この作品で得た肉付きを補強し続けていく。コマーシャリズムとは無縁ながらも、ファン層を拡大し続けているのは、人間は誰しも、繊細な感情を飼い慣らしながらも、その揺れ動きに怯え、暴発するのを怖がっているからではないか……なんて、抽象的なことをついつい考えてしまう。一つの音が鳴るだけで彼らだとわかる。気づけば目の前に音の壁がそそり立ち、一気に引きずり込まれる感覚がたまらない。

DIO
ディオ

HolyDiver

1983年5月23日発売
ユニバーサル ミュージック

01. Stand Up And Shout
02. Holy Diver
03. Gypsy
04. Caught In The Middle
05. Don't Talk To Strangers
06. Straight Through The Heart
07. Invisible
08. Rainbow In The Dark
09. Shame On The Night

浮世のヒット・チャートとは一線を画した世界観を提示する

〝DIO＝神〟の名を持つ稀代のヴォーカリスト、ロニー・ジェイムズ・ディオ率いるディオのファースト・アルバム。彼がレインボー、ブラック・サバスで培った重厚で刺激的なハード・ロック／ヘヴィ・メタルが解き放たれる。ライヴの興奮と熱狂をありったけ注入した「Stand Up And Shout」からヘヴィネスとメロディ、ダイナミズム、ドラマ性のすべてが全開。聴く者を異空間へといざなう。

重低音ギター・リフが大地を揺るがす「Holy Diver」、起伏に富んだ展開の「Don't Talk To Strangers」、鉄壁のリズム・セクションに支えられた「Shame On The Night」など、浮世のヒット・チャートとは一線を画した世界観を提示する本作は、ポップ路線を突き進む古巣レインボーと対称的な作風だった。

文◎山﨑智之

ただアルバムの全曲を〝歌える〟メロディが貫いており、特に「Rainbow In The Dark」のキャッチーなフックは後に「Hungry For Heaven」「Rock 'N' Roll Children」に受け継がれる、ディオ流ポップへの挑戦だ。

１９９０年代以降のディオで顕著となるミッドテンポのグルーヴも既に「Straight Through The Heart」「Invisible」などで効果的にフィーチュアされている。

ロニーを中心に、バンドを構成するのは元レインボーのジミー・ベイン（Ba.）と元ブラック・サバスのヴィニー・アピス（Dr.）という旧知のミュージシャン、そして北アイルランド出身のヴィヴィアン・キャンベル（Gu.）。フル・ピッキングで荒々しく弾きまくるヴィヴィアンは一躍、新世代のギター・ヒーローとなった。後にホワイトスネイク、デフ・レパードで活躍する彼のメジャー・デビュー作であり、最も大胆かつ鮮烈なリード・プレイを聴くことが出来るのが本作だ。

ロニーのヴォーカルも冴えわたり、伸びやかで艶のある歌声で魅せる。１９５０年代にデビュー、２０１０年に亡くなるまで半世紀以上のキャリアを誇り、数多くの名盤を生み出してきた彼のベスト・パフォーマンスのひとつが本作のものといえる。ロニー自身もレインボー『RISING』、ブラック・サバス『HEAVEN AND HELL』と並んで〝ロックの歴史に自分の名前を刻むことが出来た〟代表作として本作を挙げており、完全再現ライヴが行われたのも本作だった（CD/DVD『HOLY DIVER LIVE』〈2006〉として発表）。

DIR EN GREY

ディル・アン・グレイ

UROBOROS

2008年11月12日発売
FIREWALL DIV.

01. SA BIR
02. VINUSHKA
03. RED SOIL
04. 慟哭と去りぬ
05. 蜷局
06. GLASS SKIN
07. STUCK MAN
08. 冷血なりせば
09. 我、闇とて…
10. BUGABOO
11. 凱歌、沈黙が眠る頃
12. DOZING GREEN
13. INCONVENIENT IDEAL

いわゆるコンセプト・アルバムではないながらも、まるで軸となる筋書きに沿って作られたかのような物語性が感じられる

1997年に結成、1999年にメジャー・デビュー。すでにこのバンドの歴史も四半世紀に近付きつつあるが、驚異的だと思えることのひとつに、今なお〈同じようなアルバム〉が複数存在しないという事実がある。だからこそ彼らを代表する作品というのを1枚に絞り込むのが難しいのだが、いわゆる名盤然としたたたずまいをいちばん色濃く持ち合わせた作品という意味においては、メジャー第7作にあたる本作を選びたくなるところだ。

ミステリアスな**01.**で幕を開け、静寂から慟哭、激情へと転じながら人間の罪深さを訴えかける長尺曲の**02.**を経た先には、さまざまな感触を伴った落差の大きな楽曲が連なり、各々の楽曲が互いから化学反応を引き出すようにしながら、さらなる混沌が描かれていく。いわゆるコンセプト・ア

文◎増田勇一

ルバムではないながらも、まるで軸となる筋書きに沿って作られたかのような物語性が感じられるのは、決して完全に溶け合うことのない五人五様の色を持ったメンバーたちが、それぞれの角度から見据えていた理想に重なる部分が大きかったからだろう。

　海外での支持の高さについて取り沙汰されることも多いこのバンドが、欧米でのライヴ活動や作品リリースについて本格的に取り組み始めたのは２００５年当時のこと。国内で拡がりを求めるうえでの限界が見えつつあった時期に未知の世界へと挑んだことが、バンド内の精神的結束を改めて強固なものにしたことを彼ら自身も認めているが、そこでの闘いの過程で見えてきた未来像や理想を描くようにして作られたのが本作、ということになるのではないだろうか。欧米のメディアでもシステム・オブ・ア・ダウンやトゥール、オーペスなどを引き合いに出しながら、その多面性や独自性の高さが評価を集めたものだ。

　ビルボードによる全米アルバム・チャートでは惜しくもトップ１００入りを逃しているが（最高１１４位）、１００位圏内に登場したことのないアーティストのみに絞られた「次に誰がブレイクするかを占う期待値ランキング」とでもいうべきヒートシーカーズ・チャートでは見事、首位を獲得している。また、オリコンによる日本アルバム・チャートでは最高4位を記録。メジャー第一作にあたる『GAUZE』（１９９９年）から今日に至るまですべてのオリジナル・アルバムをトップ10内に送り込んでいるという快挙も、もっと広く知られるべきものだといえる。

DOKKEN
ドッケン

Under Lock And Key

1985年11月19日発売
ワーナーミュージック・ジャパン

01. Unchain The Night
02. The Hunter
03. In My Dreams
04. Slippin' Away
05. Lightnin' Strikes Again
06. It's Not Love
07. Jaded Heart
08. Don't Lie To Me
09. Will The Sun Rise
10. Til The Livin' End

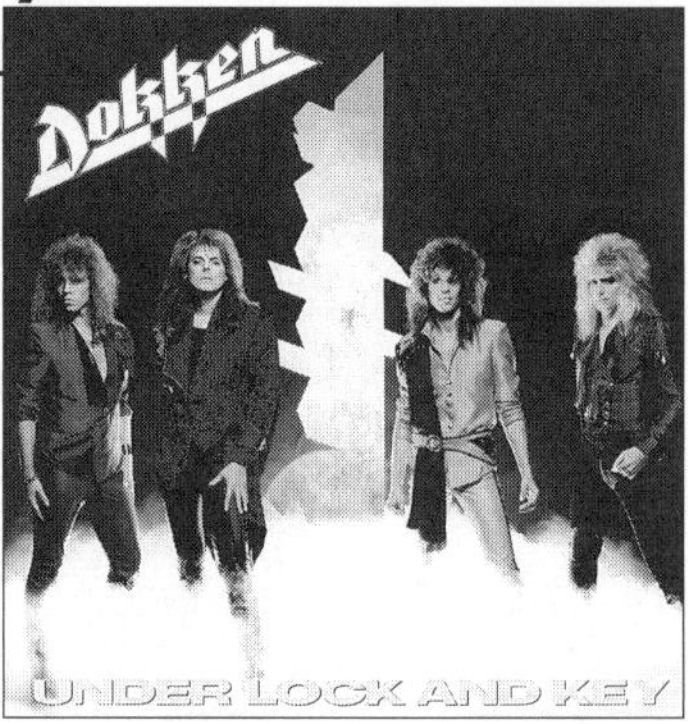

ポピュラリティに磨きをかけた盤石のドッケン節を本作で開花

メロディ、テクニック、ハーモニーの三拍子を揃え、数多くの名曲を量産してきたドッケン。彼らはクワイエット・ライオット、モトリー・クルー、ラットに続けと、ドン・ドッケン(Vo.)を中心にLAで結成される。

81年に1stアルバム『Breakin' The Chains』をフランスのレーベルから発表。その後にジェフ・ピルソン(Ba.)が加入し、2ndアルバム『Tooth And Nail』で一躍脚光を浴びる。表題曲や「Don't Close Your Eyes」の攻撃性に長けたナンバーに加え、ポップ&キャッチーな「Just Got Lucky」や「Into The Fire」、さらに名バラード「Alone Again」とキャラ立ち抜群の楽曲で多くのファンを巻き込んだ。

そして、この3rdアルバムでは音質の向上を図り、前作と比べて激しさは控えめに、聴きやすさ

文◎荒金良介

を重視したミドル・テンポの楽曲で勝負。ポピュラリティに磨きをかけた盤石のドッケン節をここで開花させている。

甘美なルックスと奇抜なファッションで衆目を集めたLAメタル勢の中で、アメリカ的な感性にヨーロッパの叙情性を加味させたドッケンの音楽には胸を締め付ける哀愁が漂っている。そこに一役買っているのは、ドン・ドッケンというフロントマンの存在だ。繊細さを極めた透き通るハイトーン・ボイスは、聴けばすぐに彼とわかる美声。そこにジョージ・リンチ（Vo.）の卓越したギターが絡み合うことで極上のケミストリーを生み出している。

また、美しいコーラス・ワークにも定評があり、イントロからその魅力を発揮する**03.**は白眉。ドン・ドッケンの甘美な歌メロから始まるバラード風味の**04.**、わかりやすいポップ性を突きつける**05.**など、どれも一級品のメロディ・ラインで日本人の心の琴線を刺激する。本作は作品トータルのバランスという意味でも名盤に値する出来栄えだ。

バンドは次作4thアルバム『Back For The Attack』を最後にドン・ドッケンとジョージ・リンチの不和により一度解散。こちらは「Kiss Of Death」を筆頭に前作とはまた違うスリリングな緊張感に貫かれた快作と言えるだろう。

LAメタル界隈で、見た目云々ではなく、楽曲の良さで語りたくなる職人気質のコンポーザーぶりを遺憾なく発揮した彼ら。時代もジャンルも超えた楽曲群は、老若男女に響くポテンシャルを秘めている。一度触れたら、全作品に手を伸ばしたくなるだろう。

DRAGONFORCE

ドラゴンフォース

Valley Of The Damned

2003年1月27日発売
Spinefarm Records

01. Invocation Of Apocalyptic Evil
02. Valley Of The Damned
03. Black Fire
04. Black Winter Night
05. Starfire
06. Disciples Of Babylon
07. Revelations
08. Evening Star
09. Heart Of A Dragon
10. Where Dragons Rule

ただ速いだけ、ムチャ弾きするだけに終わることなく天に昇るかのハイ・トーン・ヴォイスで歌われる陽性メロディが、ずっと耳に付いて離れない

99年に英ロンドンでドラゴンハートとしてスタートした、多国籍のメンバーから成る6人組のデビュー作。欧州型のメロディック・スピード／パワー・メタルを独自にエクストリーム進化させた、ウルトラ・ハイパーソニックな激速サウンドは、ドラゴンハートの母体となったデス／ブラック・メタル・バンド、ディーモニアックの頃からもう実践されていたが、その後メロディックで伸びやかなハイ・トーン・シンガーを獲得して、キャッチーさという武器を手に入れたことは大きい。

　本作レコーディング時のメンバーは、南アフリカ出身のZP・サート（Vo.）、香港出身のハーマン・リー（Gu.）、ニュージーランド出身（生まれは英国）のサム・トットマン（Gu.）、英国出身のディッコン・ハーパー（Ba.）、フランス出身のディディ

文◎奥村裕司

エ・アルムズニ（Dr.）、ウクライナ出身のヴァジーム・プルジャーノフ（Key.）で、ディッコンはリリース前に脱退している。メイン・ソングライターはギターの2人で、様々なスタイルのメタルを最高レヴェルで融合した結果、まるでハロウィンやストラトヴァリウスにスティーヴ・ヴァイとイングヴェイ・マルムスティーンが加わり、ドラマーにジーン・ホグランを迎えたかの独自サウンドが生み出された。

全てにおいて極端なのが特徴であり魅力で、ひたすらツー・バス踏みっ放しの光速ビートはその最たるもの。また、凄まじいまでの速弾きと各種エフェクトを駆使した突飛なアイディア満載のツイン・ギターも、色々と度を越しており、しかもそうした派手なシュレッド・ソロが掛け合いで延々と繰り返され、そこにシンセ・ソロまでもが絡んできて、結果——曲の長さが何割か増しになるのも、彼らにとっては常道だ。

とはいえ、ただ速いだけ、ムチャ弾きするだけに終わることなく、天に昇るかのハイ・トーン・ヴォイスで歌われる陽性メロディが、ずっと耳に付いて離れないのも実にクセになる。加えて、ライヴになるとみんなステージを縦横無尽に駆け回り、キメで何度もジャンプしまくって、愉《たの》しいキャラクターと〝魅せる〟パフォーマンスでも、どんどんファンを倍増させていった。その後はメンバー交代を繰り返すも、ハーマンとサムがいる限り、エクストリーム・メロスピの芯がブレることはない…！

DREAM THEATER

ドリーム・シアター

Images & Words

1992年7月7日発売
ワーナーミュージック・ジャパン

01. Pull Me Under
02. Another Day
03. Take The Time
04. Surrounded
05. Metropolis (Pt.I: The Miracle And The Sleeper)
06. Under A Glass Moon
07. Wait For Sleep
08. Learning To Live

様々な要素を絶妙に溶解させて、それを自身の切り口で再構築したところにこのアルバムの面白さがある

ドリーム・シアターの世界的な躍進は、このアルバムの成功と共に始まった。ヴォーカルをジェイムズ・ラブリエに代えたことや、メジャー・レーベルに移籍したことなども、彼らの新しい時代を築く礎になったが、一方では、曲作りを極めたことや、複雑な構成の曲に流し込むパッションの質を高めたことで、この2枚目はロック・シーンの歴史に燦然と輝くパワーを獲得することになる。

　このアルバムが発売された1992年は、グランジ／オルタナティヴが全米市場を呑み込んだが、ドリーム・シアターが描くベクトルが、明らかに他のメタル・バンドとは一線を画していたがために、侵食の被害を最小限に食い止めて、独自の道を切り拓いていくことになった。エクストリームな世界観はメタリカやアイアン・メイデンらの精

文◎伊藤政則

神を受け継ぎ、複雑に迷路の如く展開していく長尺な曲はジェネシスやイエス等のプログレの手法をお手本にし、そして、コンセプトでアルバムを支配するアイディアはピンク・フロイドやザ・フー、クイーンズライクと言ったバンドの名作からの影響を反映させていった。さらに付け加えるならば、ラッシュの時代性を宿した一連の緻密な作品へのオマージュや、マリリオンの磨かれた整合性への憧憬が、彼らの音楽性の地下水脈を形成することになる。様々な要素を絶妙に溶解させて、それを自身の切り口で再構築したところにこのアルバムの面白さがある。

01. はミュージック・ビデオも制作された。ジェイムズがナパーム・デスのTシャツを着て歌っている姿にファンは驚いた。この映像のために編集されたヴァージョンがラジオ・エディットとして全米のラジオ局に配布され、この曲のオンエアがファン層の拡大に大きく貢献することになる。キャッチーにして、プレイの密度は濃いという新鮮さ。ジョン・ペトルーシのギターを主軸とするインストゥルメンタル群の壮絶なテクニックの応酬。手数足数を縦横無尽に操るマイク・ポートノイのドラミング。しかも、**02.** に代表される叙情性を追求した楽曲が、エクストリームなサウンドと対極を成すという構図が、よりファンの感情移入をくすぐることになった。パート1として打ち出した **05.** は、ラッシュの手法を借りた作品の継続性を示唆する内容になり、11分を超える **08.** はまだ見ぬライヴへの渇望へと直結していった。

「メタルの基本」100枚

PART.2

E *to* L

EMPEROR
エンペラー

In The Nightside Eclipse

1994年2月21日発売
トゥルーパー・エンタテインメント

01. Introduction
02. Into The Infinity Of Thoughts
03. The Burning Shadows Of Silence
04. Cosmic Keys To My Creations & Times
05. Beyond The Great Vast Forest
06. Towards The Pantheon
07. The Majesty Of The Night Sky
08. I Am The Black Wizards
09. Inno A Satana

シンセをブラック・メタルの基本装備にするという パラダイム・シフトを起こした

ノルウェーの伝説的ブラック・メタル・バンド、エンペラーのファースト・フル・レングス。前年にリリースされた、同じくノルウェーのエンスレイヴドとのスプリットCDは、世界初のシンフォニック・ブラック・メタルのアルバムである。今となっては想像しづらいかもしれないが、もともとエクストリーム・メタルの世界では、ニューウェーヴなどの軟弱なイメージのあるシンセサイザーの使用はご法度であった。だが、まずバソリーが87年のサード・アルバム『Under The Sign Of The Black Mark』で、シンセも使い方次第ではイーヴルな雰囲気を高めることができることを証明してみせ、それにロッティング・クライストやマスターズ・ハマーといったバンドが続いた。そして、これを完成の域に持っていったのがエンペラーである。彼らはほぼ全曲ガッツリとシ

文◎川嶋未来（SIGH）

ンセを導入。結果、シンセをブラック・メタルの基本装備にするというパラダイム・シフトを起こしたのだ。

ただ、当の本人たちには時代を変える作品を作ってやろうというような気負いは、さらさらなかったよう。当時ブラック・メタルは超アンダーグラウンドのムーブメントでしかなかったこともあり、単に「ビッグでエピックな、メタルと映画のサウンドトラックをミックスしたようなアルバムを作りたい」というアーティスティックな欲求しかなかったようだ。バーズムが提唱したトレモロ主体のリフをベースにした（ヴァーグはエンペラーに「パクられた」と言っていたらしい）、非機能的なマイナーコードの連続が醸し出す不気味な雰囲気が実に印象的。当時のノルウェジアン・ブラック・メタルには、アンチ・スウェディッシュ・デス・メタルという側面があったが、本作についてイーシャンが「デス・メタルのようなランダムな音の繰り返しでないものを作りたかった」と発言しているのも興味深い。ブラック・メタル史に残る名曲**08.** から荘厳すぎる **09.** への流れは神（悪魔）がかっているとしか言いようがない。

本作がリリースされる前年、ノルウェジアン・ブラック・メタルのリーダー、メイヘムのユーロニモスが、バーズムのヴァーグ・ヴィカネスに刺殺される事件が起きた。芋づる式にブラック・メタル関係者が逮捕されたが、エンペラーもドラマーが殺人、ギタリストが教会への放火で有罪判決を受けている。

EVANESCENCE

エヴァネッセンス

Fallen

2003年3月4日発売
ユニバーサル ミュージック

01. Going Under
02. Bring Me To Life
03. Everybody's Fool
04. My Immortal
05. Haunted
06. Tourniquet
07. Imaginary
08. Taking Over Me
09. Hello
10. My Last Breath
11. Whisper
12. My Immortal

ダークなゴシック・テイスト溢れるメタルを表舞台に押し上げた功績は途轍もなく大きい

エヴァネッセンスのエイミー・リー（Vo.）は、名実共に〝ニューメタル界の歌姫〟というポジションを独占した。しかもたった一枚のアルバムで。

バンドはアーカンソー州リトル・ロックにて、エイミー嬢とベン・ムーディー（Gu.）が10代で出会ったことに端を発する。記念すべき本作メジャーデビューアルバムは映画『デアデビル』サントラ提供曲**02.**の後押しもあり、世界中で1400万枚という怪物的なセールスを叩き出した。さらにグラミー賞の最優秀新人賞と最優秀ハードロック・パフォーマンス賞を受賞。日本ゴールドディスク大賞のニューアーティスト・オブ・ザ・イヤー（洋楽部門）も受賞した。

その人気の高さを紐解く上で鍵となるのは、やはりエイミー嬢の圧倒的な歌唱力とメロディ・セ

文◎荒金良介

ンスの素晴らしさだろう。90年代から活躍するラナ・レーンに負けない美メロを掲げ、ザ・ギャザリングやラクーナ・コイルなどが奮闘する中、ダークなゴシック・テイスト溢れるメタルを表舞台に押し上げた功績は途轍もなく大きい。

00年と言えば、リンキン・パークが1stアルバム『Hybrid Theory』を発表し、ヘヴィ/ラウド・ロック・シーンに地殻変動をもたらし、耳うるさいジャンルにメロディが市民権を得る土壌を作り上げた。エヴァネッセンスの音楽性もそれとは無縁ではなく、良質のメロディを武器に生音とサンプリングを効果的に用いた曲調は、ニュー・メタル世代ならではのモダンな香りをまとっていた。

時代背景としては、01年に起きたアメリカ同時多発テロの余波もあり、切ないメロディを多くのリスナーが欲していたのではないだろうか。スローテンポで進み、哀切な歌メロをじっくり聴かせる**01.**は、本作の前年にあたる02年発表のアヴリル・ラヴィーンの1stアルバム『Let Go』冒頭曲「Losing Grip」に似たテイストを感じる。そう、メタルの文脈に収まらないポピュラリティ溢れるエイミー嬢の歌声は、ジャンルの障壁を突き破って聴く者の心を慰撫する。

先述した**02.**はバンドの代表曲であり、12ストーンズのポール・マッコイをフィーチャーしたラップ・メタルで、エイミー嬢とポールの掛け合いもキャッチーな超名曲。ほかにメロディアスな歌心を存分に発揮した**03.**、ピアノやストリングスを導入した静謐なるバラード**04.**はゴスペル風味の絶唱を響かせる。総じてメロディの良さをこれでもか！と突きつけるクオリティの高さで、一般層を巻き込んだ本作の意義はでかい。

EXODUS

エクソダス

Bonded By Blood

1985年4月25日発売
キングレコード

01. Bonded By Blood
02. Exodus
03. And Then There Were None
04. A Lesson In Violence
05. Metal Command
06. Piranha
07. No Love
08. Deliver Us To Evil
09. Strike Of The Beast

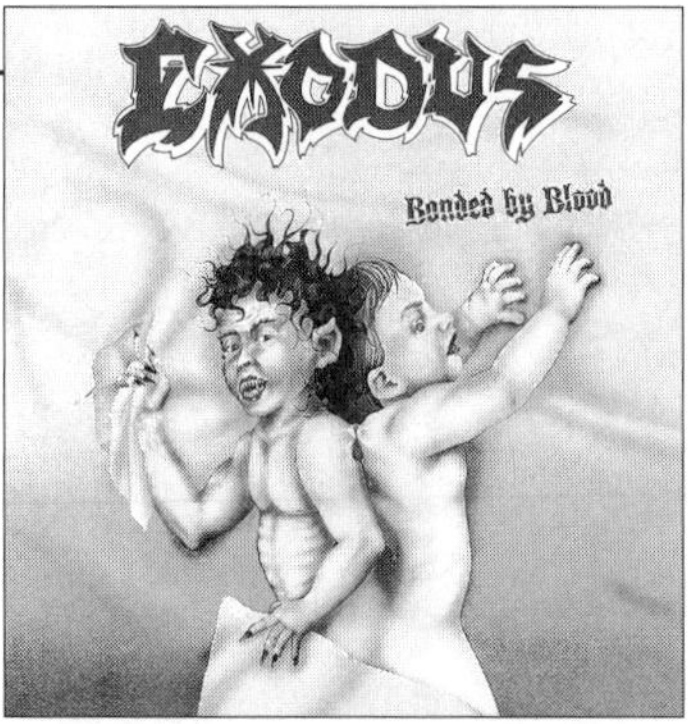

純度の高いスラッシュ・メタルを演奏し続けてきたベイエリアの重鎮エクソダスのデビュー作

1980年代前半に生まれたスラッシュ・メタルは、元々エクストリームな音楽だったヘヴィ・メタルをさらに激化したスタイルとして、急激に支持を得ていく。そんな中でメタリカ、メガデス、スレイヤー、アンスラックスはメインストリーム市場で成功を収め、〝スラッシュ・メタル四天王〟と呼ばれるに至ったが、その枠に入ることなく、それゆえに純度の高いスラッシュ・メタルを演奏し続けてきたのがベイエリアの重鎮エクソダスだ。彼らのデビュー作であり、最もピュアな衝動に突き動かされる作品が『BONDED BY BLOOD』である。

不動のギタリスト、ゲイリー・ホルトが「バンドの原点であり、スラッシュ・メタルを定義したアルバム。いつでも全曲プレイ出来るようにリハーサルしている」と誇る本作。「Bonded By Blo

文◎山﨑智之

od」「Exodus」「A Lesson In Violence」（当初アルバム・タイトル候補だった）「Strike Of The Beast」まで全編、無闇にアドレナリンとテストステロンを噴出しながら突っ走る。徹頭徹尾ヘッドバンギング・ミュージックとしての機能美が貫かれており、「No Love」のアルペジオや「Deliver Us To Evil」のハーモニー・ギターなどの〝音楽的〟な要素が蛇足に感じるほどだ。ジャケット・アートもスレイヤー『SHOW NO MERCY』、アンスラックス『FISTFUL OF METAL』と並ぶヘタクソぶりで、初期スラッシュならではの原始的衝動を象徴している。

本作発表後、バンドにはより歌唱力の高いスティーヴ〝ゼトロ〟スーザが加入するが、ポール・バーロフのヤケクソなシャウトには、何にも代え難い切実さが宿っている（ポールは2002年に逝去）。

2008年には本作のリメイク『LET THERE BE BLOOD』も発表、音の厚みが増し、ロブ・デュークスのヴォーカルも表現力豊かではあるものの、オリジナルのプリミティヴな獣性は望むべくもない。

ピュア・スラッシュを守護するバンドゆえに、他バンドからの誘いも多く、本作レコーディング前にカーク・ハメットが引き抜かれ、また後期スレイヤーにはゲイリーが準メンバーとしてツアーとレコーディングに参加した。

2020年にはゲイリーが新型コロナウイルスで陽性となりファンを心配させたが、既に回復。スラッシュ・メタルと〝血で繋がれた〟エクソダスは前進を続けるが、その出発点となったのが本作だ。

FAITH NO MORE

フェイス・ノー・モア

The Real Thing

1989年6月20日発売
ワーナーミュージック・ジャパン

01. From Out Of Nowhere
02. Epic
03. Falling To Pieces
04. Surprise! You're Dead!
05. Zombie Eaters
06. The Real Thing
07. Underwater Love
08. The Morning After
09. Woodpecker From Mars
10. War Pigs
11. Edge Of The World

個性的なメンバー5人のバランスが最も均衡していたアルバム

大学でアフリカン・リズムについて学んだドレッドヘアのドラマー、マイク・ボーディン（後にブラック・サバスに参加）。心優しきゲイのキーボーディスト、ロディ・ボッタム（後にインペリアル・ティーンというポップ・バンドを結成）。弁護士の息子でグラインドコア好きなベーシスト、ビル・グールド（後にブルヘリアに参加）。日本の深夜番組で大槻ケンヂと一緒に泥酔する姿も印象的だった、赤いフレームの眼鏡がトレードマークのギタリスト、ジム・マーティン。フェイス・ノー・モアは、こうした個性的な面々によってサンフランシスコで結成された。

シンガーにチャック・モズレーを加え、1987年には本格的なデビュー・アルバム『Introduce Yourself』をリリース。その後、素行不良により解雇されたモズレーの代わりに抜擢されたのが、ミ

文◎鈴木喜之

スター・バングル（フェイス・ノー・モアに負けず劣らずのエキセントリックな音楽性を発揮するバンド。2020年にはスラッシュ・メタル・バンドとして復活アルバムを発表した）のマイク・パットンだった。加入が決まった時点で本作『The Real Thing』の曲は全て完成しており、当時まだ20歳そこそこのパットンは、10日ほどで歌詞を書き、ヴォーカル・パートを完璧に仕上げて周囲のド肝を抜いたという。

続く『Angel Dust』以降、パットンは才能を完全覚醒させ、バンドの中核を担っていくことになるが、ここでは上記の状況から限定的な条件下で暴れているという印象も無くはない。冒頭を飾るストレートなロック・ナンバー**01.**や、黎明《れいめい》期のラップ・メタルをフェイス・ノー・モア流に昇華した**02.**などでは、どことなくアクセル・ローズ（ガンズ・アンド・ローゼズ）やアンソニー・キーディス（レッド・ホット・チリ・ペッパーズ）のパロディをやってみせたように感じられたりもする。この件は、後者との間にトラブルを巻き起こす原因にもなった。やがて、パットンの台頭と入れ替わるように、最もメタルな資質を持つジム（メタリカとの交流も深く、**04.**は彼がクリフ・バートンとバンドをやっていた頃に書いた曲）が居場所を失って脱退に追い込まれるという経緯を考えても、5人のメンバーのバランスが最も均衡していたのは本作ではないかと思う。

ラスト2曲はリリース当初CDのみに収録されたボーナス・トラックだったが、ブラック・サバスの見事なカバー**10.**と、雰囲気たっぷりのピアノをフィーチャーした**11.**は、真にアルバムの締めくくりに相応しい。

FEAR FACTORY

フィア・ファクトリー

Demanufacture

1995年6月13日発売
Roadrunner Records

01. Demanufacture
02. Self Bias Resistor
03. Zero Signal
04. Replica
05. New Breed
06. Dog Day Sunrise
07. Body Hammer
08. Flashpoint
09. H-K (Hunter-Killer)
10. Pisschrist
11. A Therapy For Pain

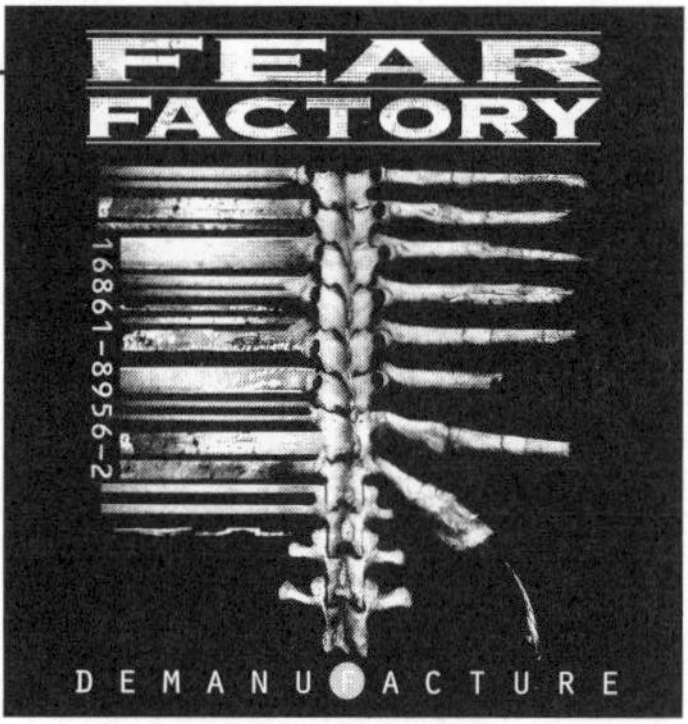

汗が飛散する肉体美と人工的なサイバー感を浮き彫りにした音像は、唯一無二のオリジナリティを築いている

理性と本能、冷静と情熱、人間と機械。相反する要素を丸呑みして、ネクスト・レベルに突き抜けた驚愕の2ndアルバム。今聴いても微塵も古臭く感じず、むしろ当時受けた衝撃力は〝本物〟だったことを改めて思い知る傑作だ。

前作1stアルバム『Soul Of A New Machine』同様、コリン・リチャードソンをプロデューサーに迎えた本作は、デス・メタルやグラインドコアの要素を受け継ぎながら、人力による凄まじいパワーとSF風の近未来的な音色を組み合わせ、破壊力満点のインダストリアル・メタルを生み出している。

特筆すべきトピックはたくさんある。バートン・C・ベル（Vo.）は吐き捨てるような激高シャウトを決める一方、メロディアスな歌声を織り込む独自のスタイルを取り、硬軟自在の見事なヴォーカ

文◎荒金良介

ル・ワークを披露。巨体ディーノ・カザレス（Gu.）が7弦ギターから恐ろしくタイトなギターリフを振りかざせば、レイモンド・ヘレーラ（Dr.）は人間の限界に挑むマシーナリーかつ正確無比なビートを叩き出す。このように、役者揃いの凄腕ミュージシャンが楽曲の核にドンと鎮座しているのだ。

その上でシンセやサンプリングなどでスペーシーな空間を演出。汗が飛散する肉体美と人工的なサイバー感を浮き彫りにした音像は、唯一無二のオリジナリティを築いている。そう、頭脳と身体をフル回転させたヘヴィ・ミュージックだからこそ、今なお新鮮に聴けるのだろう。

硬質なドラムと強靭なリフで幕を開ける表題曲**01.**は、オープニングを飾るに相応しいアンセム・ソング。極悪なデス声とキャッチーな歌メロを華麗に使い分ける**02.**の歌唱法は、スリップノットのコリィ・テイラー（Vo.）にも多大な影響を与えているのではないだろうか。ついでに言えば、**07.** **10.**で聴くことができる金属バット音（?）はスリップノットのパーカッション部隊にも引き継がれている気がしてならない。話を戻そう。切れ味鋭いドラムに耳を奪われるミドルテンポの**04.**も実にかっこいいし、NYハードコアのレジェンドであるアグノスティック・フロントのカヴァー「Your Mistake」（ボーナストラックにて収録）もハイパー・ヘヴィな仕上がりで最高！

なお、メンバー自身やJunkie XLらが関わった本作のリミックス盤『Remanufacture』もオススメしたい。テクノ、ダンス、ブレイクビーツなど多彩なバージョンで聴かせ、ロック／メタル・ファンも看過できない出来の良さだ。

FLATBACKER

フラットバッカー

戦争 —アクシデント—

1985年10月発売(日付不明)
ビクターエンタテインメント

01. Hard Blow
02. Deathwish
03. Mi-mi-zu
04. Dance
05. Banishment
06. Massacre
07. Accident
08. Gas
09. Snowslide
10. Camouflage

スタイルなんか知ったこっちゃないサウンドに胸がすく

札幌出身のヘヴィ・メタル・バンドのファースト。フラットバッカーは1986年のセカンド・リリース後に渡米してE・Z・Oと改名し、キッスのジーン・シモンズのプロデュースでアルバムを発表するも、1990年には解散。マサキ（Vo.）は90年代にラウドネスの三代目ヴォーカリストを務め、ヒロ（Dr.）も90年代後半にラウドネスで活動する。以上のキャリアからは、アンダーグラウンドに収まらない当時のヘヴィ・メタル・ミュージシャンの苦闘も感じられるが、これはまだ色々と制約が多かったであろう日本のメジャーのレコード会社から出した中で最も過激なメタル・アルバムと言える鮮烈作だ。

やさぐれメタル！と呼びたいサウンドである。緩急織り交ぜてどの曲も音がゴツい。半数近くを占める速い曲はスラッシュ・メタルというより、

文◎行川和彦

ジューダス・プリーストの「Exciter」に通じる加速度のスピード・メタルだが、ギターが1本ということも相まってシンプルかつプリミティヴ。スタイルなんか知ったこっちゃないサウンドに胸がすく。いい意味でオシャレじゃなく武骨で、たのもしいほど音そのものが、ささくれだったメタルなのである。英語とは絶対的に違う語感の日本語で歌われているがゆえの〝不揃い感〟も、実にカッコいい。

ハイ・トーンのヴォーカルの声の質感も、まさに１２０％メタル。純金属である。外国にもあまりないタイプで伝統的なヘヴィ・メタルの発声を突き抜け、当時北欧などで産声を上げていた黎明《れいめい》期のブラック・メタルと共振している残虐な歌唱だ。日本語が聞き取れるにもかかわらず日本語に聞こえないリズムでじっくりと言葉を嚙み砕きながら発し、かなりパンクっ気が強いとはいえポーズつけてない歌い方は小細工無し。芝居っ気ゼロで堂々と歌い抜くのである。サビに英語のフレーズを入れつつ日本語で押す簡潔な歌詞の組み立て方はザ・スターリンをはじめとする日本のパンク・バンドにも近いが、その中身はハードコア。〝熱い血潮をみなぎらせ～〟と歌う**06.**をはじめとして、日本のハードコア・シーンには当時まだ意外とあまりいなかった気合叩き込み系のまっすぐな歌詞で、後のジャパニーズ・スタイルのハードコア・パンクに通じるほどである。

日本ならではの〝ストリート・メタル・アルバム〟だ。

GALNERYUS

ガルネリウス

INTO THE PURGATORY

2019年10月23日発売
ワーナーミュージック・ジャパン

01. PURGATORIAL FLAME
02. MY HOPE IS GONE
03. FIGHTING OF ETERNITY
04. GLORY
05. NEVER AGAIN
06. THE FOLLOWERS
07. COME BACK TO ME AGAIN
08. REMAIN BEHIND
09. THE END OF THE LINE
10 ROAMING IN MY MEMORY

ドラマチックなパワーメタルサウンドで、新たなジャパニーズメタルシーンを確立

1991年頃を境に、メタル界におけるギターヒーローという言葉の持つ意味が薄れているような気がする。特にギターオリエンテッドなHR/HMシーンにとってギターヒーローの存在は必要不可欠で、ジャンルを超えた〝時代の寵児〟が各年代に最低ひとりは存在する。しかし、海外ではグランジの台頭により〝アンチ・ギターヒーロー〟イズムが生まれたことで、ギターヒーローと呼ばれる存在が一気にダサいものへと降格してしまう。

一方で日本はというと、高崎晃（ラウドネス）を筆頭に1980年代のジャパメタブームから生まれたギターヒーローは多数存在する。しかし、90年代以降その座はヴィジュアル系に取って代わられ、ジャパニーズHR/HMシーンを代表する「誰もが認めるギターヒーロー」はしばらく浮上し

文◎西廣智一

てこなかった。
しかし、２０００年代に突入してからメジャーシーンに登場したガルネリウスと、そのリーダーであるＳＹＵがそれまでの状況を一変させる。持ち前のテクニカルかつエモーショナルなギタープレイを武器に、ドラマチックなパワーメタルサウンドで新たなジャパニーズメタルシーンを確立。特に、紅白にまで出演した経験を持つシンガー小野正利が加入して以降は、圧倒的な演奏力と歌唱力、さらにはポップス並みにキャッチーなメロディを持つ良曲に恵まれ、作品を重ねるごとに評価を高めている。

そんな新世代のギターヒーローがひとつの到達点へとたどり着いたのが、２０１９年の最新アルバム（通算12作目）である本作。コンセプチュアルな大作が数作続き、さらにＳＹＵのソロアルバム『Vorvados』（２０１９年）を経て制作した今作は、従来のスタイルを強化させた**02. 03. 04.** のような楽曲に加え、シングル級のキャッチーさを持つ**05.**、小野のオペラ歌唱をフィーチャーした新境地の**06.**、美しいピアノバラード**08.**、約9分にもおよぶシンフォニックメタルの大作**09.**などクセの強い楽曲がずらりと並ぶ。ストーリー性の強い作風から解き放たれたこと、久しぶりにソロ作を経験したことでメインソングライターＳＹＵのソングライティング力もさらに加速し、過去作にまったく引けを取らない内容に仕上がった。

「常に最新作が最高傑作」とＳＹＵはインタビューで語っていたが、まさに有言実行な1枚。世界に誇るべき、国産メタルの最高峰だと断言したい。

GASTUNK
ガスタンク

Under The Sun

1987年6月発売（日付不明）
SS RECORDINGS

01. Baruth
02. Husk
03. Leather Ship（地下の覇者）
04. Running To The Sun
05. Wild Times
06. 風の翼（Breeze Calls）
07. Smash The Wall
08. Regina

音も曲もカッチリした整合感の高い作りで、一番メタル色の強いガスタンクのアルバム

メジャー・レーベルからの第一弾でもあるセカンド・フル・アルバム。ファーストの『Dead Song』（1985年）は、当時のメンバー4人全員が東京のハードコア・パンク・バンド出身ということが表れた荒々しい勢いで情念が溢れ、メロディアスな歌唱とシャウトを組み合わせたヴォーカルのメタルコアというスタイルを確立した作品だった。数タイトルのEP等を挟んで作ったこの『Under The Sun』は、音も曲もカッチリした整合感の高い作りで一番メタル色の強いガスタンクのアルバムだ。

ハード・ロック／ロックンロールのドライヴ感のドラマーが抜け、テクニカルなPAZZ（Dr.）の加入によりビートだけでなくアルバム全体がタイトかつパーカッシヴなサウンドになった。プログレっぽい構成も挑戦的な7分を超える**01.**をはじめ

文◎行川和彦

として以前より曲が長く、アルバム全体も47分半。派手に凝った仕掛けが施されている作りではないが、**02.** の一部で弾かれるスラップ・ベースのようにちょっとした部分でアクセントを付けている。ツー・ビートで走るパートを大半の曲に設けてハードコア・パンクの要素はキープし、当時隆盛だったスラッシュ・メタルの要素が速い曲だろうとほとんどないのも不変で、ギターはマイケル・シェンカーのようにメロディ重視だ。以前より歌を前面に出した作りもポイントで、**03.** のサビの部分はライヴで合唱を巻き起こし、**04.** は哀愁の疾走をヴォーカルがリードし、**08.** はガスタンク流のバラードだ。

『Dead Song』のジャケット・デザインのTシャツをカーク・ハメットが着ている1986年撮影のアー写があるが、けっこう早い時期からガスタンクを知っていたメタリカと共振していたような曲展開も聴ける。横尾忠則が描いてデザインしたシュールなジャケットも、アーティスティックに洗練されたアルバムの仕上がりに不思議とフィットしていると言えよう。

ちなみに『Under The Sun』は、メタリカのアートワークで知られるパスヘッドのレーベルのパスモートから〝USミックス〟版もリリースされた。**02.** と **07.** の曲順を入れ替え、前半4曲の歌詞を英語に変更。いい感じで多少ラフに聞こえる生々しい別ミックスの音も、漫画『はだしのゲン』を思い出すバキ（Vo.）がモデルのパスヘッド画の別ジャケットにピッタリである。

GHOST

ゴースト

Prequelle

2018年6月1日発売
ユニバーサル ミュージック

01. Ashes
02. Rats
03. Faith
04. See The Light
05. Miasma
06. Dance Macabre
07. Pro Memoria
08. Witch Image
09. Helvetesfönster
10. Life Eternal

40分強の映画のように練り上げられたアルバム全体の流れが見事

スウェーデンのバンドの4作目。3作連続でチャートのトップに昇りつめて母国を代表するロック・バンドのポジションを揺るぎないものにしただけではなく、米国ビルボード200（総合チャート）の3位まで上昇するなど世界的な支持を集めたアルバムである。リー・ドリアンのライズ・アバヴ・レコーズがリリースしたデビュー作『Opus Eponymous』（2010年）はドゥーミーなテイストも漂うサウンドだったが、その頃から内包していた優雅なポップ感を抜群のセンスでナチュラルに〝昇華〟し、嫌《いや》みのない理想的な進化を遂げた。

　エッジの効いた音が主導する曲ばかりではないが、ほとんどの曲はメタリックなリフが核になっている。ジャケットどおりにファンタジーとグロテスクを同時に描き出すロマンあふれる曲のニュ

文◎行川和彦

アンスも、ヘヴィ・メタルの伝統を踏まえている。メタル云々以前にロックが持っていたミステリアスなイメージも大切にし、いくらポピュラリティを増しても俗っぽくなりすぎずに〝メタル・アート〟をキープしている。

40分強の映画のように練り上げられたアルバム全体の流れも見事だ。プロローグにふさわしい小曲で始めて5分台のインスト2曲を含むシアトリカルな作りはロック・オペラとも言えるし、70年代のデヴィッド・ボウイやアリス・クーパーあたりの甘美な〝メタル〟の音で彩られたアルバムも思い出す。80年代のパワー・メタルみたいな曲をやっても流麗なのは、とろけるほどまろやかなヴォーカルによるところが大きく、ギターのハーモニーや鍵盤楽器の挿入も一役買っている。スウェーデン産らしいバランス感により、オーケストラを使ってもゴージャスになりすぎない凝り方のアレンジも特筆すべきで、ポップな歌心も言うこと無しだ。

本作のデラックス・エディションのCD等には、ペット・ショップ・ボーイズの「It's A Sin」とレナード・コーエンの「Avalanche」のカヴァーがプラスされている。ライヴのアンコールみたいな追加ながらドラマチックな本編からの自然な流れで続き、特にヴォーカルがハマりすぎの前者に耳を傾けていると、フットワークの軽い80年代以降の美麗系ニュー・ウェイヴのロックがゴーストに及ぼした影響のでかさを思い知らされる。

GUNS N' ROSES

ガンズ・アンド・ローゼズ

Appetite For Destruction

1987年7月21日発売
ユニバーサル ミュージック

01. Welcome To The Jungle
02. It's So Easy
03. Nightrain
04. Out Ta Get Me
05. Mr.Brownstone
06. Paradise City
07. My Michelle
08. Think About You
09. Sweet Child O' Mine
10. You're Crazy
11. Anything Goes
12. Rocket Queen

作品全体が前傾姿勢の疾走感に貫かれていながらも、若気の至りのような勢いにまかせて作られてはいない

ロック史上最強のデビュー・アルバムのひとつ。当初、このバンドの登場は、それ以前の時流を踏まえながらLAメタルの第二波、また、初期からエアロスミスの楽曲をレパートリーにしていたこともあり、同バンドの後継者的に受け止められていたところがあった。が、王道的ハード・ロックのみならずオリジナル・パンクにも片足を突っ込んでいた彼らには、セックス・ピストルズの登場から10年を経てハリウッドで昇華された破滅的美学の権化、といった側面もあった。

本作発表当時、アクセル・ローズ(Vo.)、スラッシュ(Gu.)、イジー・ストラドリン(Gu.)、ダフ・マッケイガン(Ba.)、スティーヴン・アドラー(Dr.)という5人の平均年齢は20代半ば。まさにやりたいことが多過ぎて収拾がつかない時分だ。そこで分散気味のベクトルに折り合いをつけながら

文◎増田勇一

約54分間の痛快なドラマに纏めきることができたのは、エンジニア出身のプロデューサー、マイク・クリンクのバランス感覚と忍耐力によるところも大きい。ただ、それ以上に重要なのは、作品全体が前傾姿勢の疾走感に貫かれていながらも、若気の至りのような勢いにまかせて作られてはいないということ。後年登場するような劇的な長尺曲もこの時点では皆無で、そうした意味では音楽的に的が絞られているが、だからこそスピード感とグルーヴに支配された空気が一瞬だけ解ける**09.**の透明感と無垢さが光るし、各楽曲の行き届いたアレンジに唸らされる。とにかく楽曲の充実ぶりが尋常ではない。まさに1時間の完璧なライヴを実践するうえで必要な弾丸が揃っているのだ。

発売当初の世の反応は比較的緩やかなものだったが、それから約1年をかけて全米№1の座を奪取。つまりその1年の間に世界が彼らに侵食されたというわけだ。しかもその現象は一瞬のトレンドとして終わることなくロックを新時代へと導き、さまざまなサブ・ジャンルとの架け橋的役割も果たすことになった。さらに2016年、アクセル、スラッシュ、ダフの3人は長い紆余曲折を経て再合流へと至っているが、以降も依然として基盤はここにある。2018年にはリマスター盤、ボックスセットも発売され、今日に至るまでの累計売上げは全世界で3千万枚をゆうに超える。無軌道な若者たちが1987年に提示した理想は、今なお多くの人たちにとっての憧憬の対象であり続けている。

HELLOWEEN

ハロウィン

Keeper Of The Seven Keys Part I

1987年5月23日発売
ビクターエンタテインメント

01. Initiation
02. I'm Alive
03. A Little Time
04. Twilight Of The Gods
05. A Tale That Wasn't Right
06. Future World
07. Halloween
08. Follow The Sign

まさに「メタルの基本」以外の何物でもないのが本作であり、ハロウィンというバンドなのである

メタルの歴史を紐解く上で絶対に欠かすことのできないバンドがいくつか存在するが、ハロウィンも当然ながらそのうちの一つだ。誰もがその名前を知っている彼らの最大の功績はやはり、「パワー・メタル／ジャーマン・メタル」という一大人気サブジャンルを生み出した点にある。

ジューダス・プリーストやアイアン・メイデンが発明し確立したヘヴィ・メタルを発展させ、勇壮で熱いメロディー、2バス連打を基調とした疾走感、ドラマティックな楽曲、ハイトーン主体のヴォーカル、アグレッシヴさといった要素に焦点を当てたハロウィンの音楽は、初のフル・アルバム『Walls Of Jericho』の時点ですでに誕生していたが、続く2ndとなる本作で早くも完成形となった。その立役者はこのアルバムから専任ヴォーカリストとしてバンドへ加入したマイケル・キスク

文◎高橋祐希

である。圧倒的な声量とパワフルさを兼ね備えた彼のハイトーンは楽曲に説得力をもたらし、ハロウィンのレベルを数段以上引き上げた。その後のアルバムでもお約束となる冒頭の小曲から導かれる**02.**は、まさにそのバンドとしてのレベルアップが結実した、そしてハロウィンのメタルが完成を遂げたことを高らかに告げる歴史的名曲である。他にも、ヘヴィ・メタルという音楽がもつキャッチーさを凝縮した**06.**、シリアスかつ劇的な展開を見せる13分以上に及ぶ大曲**07.**、パワーと疾走感に溢れギターソロ・ハーモニーがメタル史上屈指のカッコよさを誇る**04.**、ほぼ演歌と言ってもいいほどの哀愁バラード**05.**と、今もファンに愛され続ける珠玉の楽曲満載の傑作だ。

　もちろんキスクのみならずカイ・ハンセン、マイケル・ヴァイカートという2人による天才的ソング・ライティング能力がハロウィンの偉大さの根幹にあることは言うまでもない。本作、並びに翌年リリースの『Part II』で両者が作り上げた名曲の数々は、日本を含め世界中のメタル・シーンに大きな影響を及ぼした。まさに「メタルの基本」以外の何物でもないのが本作であり、ハロウィンというバンドなのである。現在のハロウィンはカイ・ハンセンとマイケル・キスクが正式に復帰した7人編成となっているが、その最強の現行布陣によるパフォーマンスは世界中で喝采を浴びている。彼らは今なおメタルの代名詞であり基本なのだ。

IRON MAIDEN

アイアン・メイデン

Iron Maiden

1980年4月14日発売
ワーナーミュージック・ジャパン

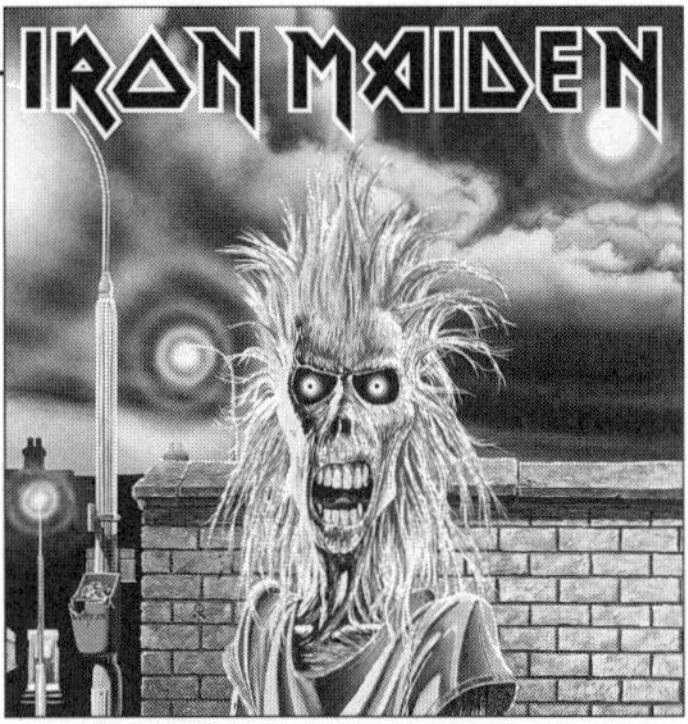

01. Prowler
02. Remember Tomorrow
03. Running Free
04. Phantom Of The Opera
05. Transylvania
06. Strange World
07. Sanctuary
08. Charlotte The Harlot
09. Iron Maiden

ブリティッシュ・ロックの伝統を継承しながらも、
そのスタイルを独自の精神性を駆使してアップデートさせた

ハード・ロックからヘヴィ・メタルに移行する、革新的な運動の中心にいたのがアイアン・メイデンである。彼らが先頭に立ち、新世代のムーヴメント、ニュー・ウェイヴ・オブ・ブリティッシュ・ヘヴィ・メタルを活性化させ、そして、世界中の若者たちを蜂起させた。デビュー・アルバムは、奇しくも、先輩バンドであるジューダス・プリーストの傑作『British Steel』と同じく、１９８０年４月14日に発売された。新しい時代の夜明けである。自主制作ＥＰ『The Soundhouse Tapes』に収録されていた、「Prowler」の鋭く切り裂くようなデイヴ・マーレイのギター・リフが、強烈なインパクトを与えた。攻め続けるタフなスピード感、複雑に展開する演奏、そして、ヒリヒリするような迫真性を呑み込んだ楽曲の緊張感。このアルバムが放つ何もかもが、新鮮なエナ

文◎伊藤政則

ジーとなって聴き手を襲っていった。初期ライヴの定番曲であった「Transylvania」は、ウィッシュボーン・アッシュからの影響を別の次元で描いて見せたインストゥルメンタル曲だ。この曲が象徴する、モザイク画の如き手法で楽曲を組み立てていくセンスの良さは、「Phantom Of The Opera」でも威力を発揮している。

ブリティッシュ・ロックの伝統を継承しながらも、そのスタイルを独自の精神性を駆使してアップデートさせたことで、アイアン・メイデンの音楽には誰にも似ていない圧倒的な個性が渦巻くことになった。無意識のうちに時代性を呑み込んだように映る「Sanctuary」の爆発力は、パンクを押しのけて地表に出てきた、このバンドの逞しい生命力を浮き彫りにしている。メジャー・デビュー前から今日に至るまで、ショウの最後に披露しているツイン・ギターが炸裂する「Iron Maiden」は、その後、バンド名を曲のタイトルとする一大ブームを作り出すことになった。また、バンドのロゴの格好良さ。エディという名のマスコットを前面に押し出した斬新なアイディア。革ジャンを着こなすメンバーのスマートさ。このアルバムを手にして、自分もメタル・バンドを志そうとする若者たちが多く出現した。その勢いは、ドーバー海峡を越えてヨーロッパに、大西洋を超えてアメリカに波及し、世界的なヘヴィ・メタル・ブームを巻き起こすことになる。そういう意味でも、このアルバムは未来に決定的な影響を与え、ヘヴィ・メタルとはどういうものかを知らしめた作品なのである。

JUDAS PRIEST

ジューダス・プリースト

Screaming For Vengeance

1982年7月17日発売
ソニー・ミュージックエンタテインメント

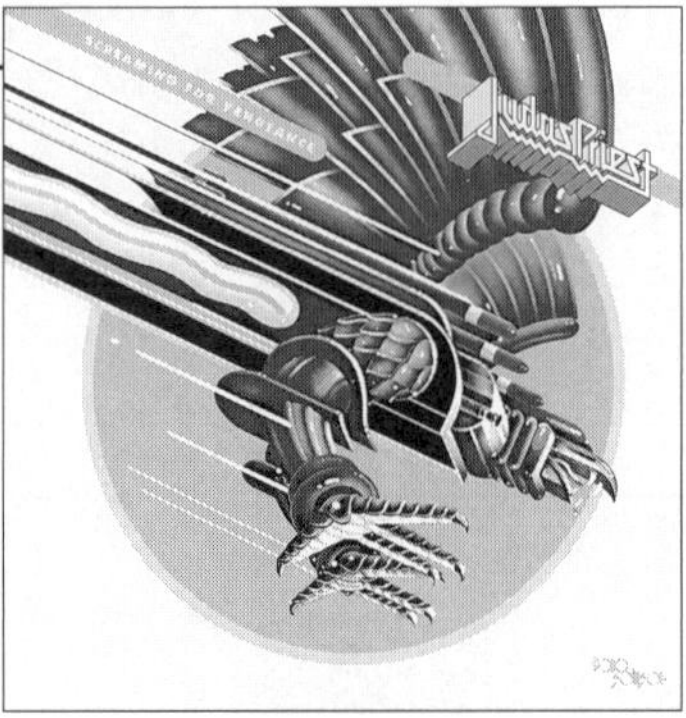

01. The Hellion
02. Electric Eye
03. Riding On The Wind
04. Bloodstone
05. (Take These) Chains
06. Pain And Pleasure
07. Screaming For Vengeance
08. You've Got Another Thing Comin'
09. Fever
10. Devil's Child

今日に連なるメジャーなスケールの孤高性を生み出したのは、1982年に発表されたこの『復讐の叫び』だろう

ジューダス・プリーストは、焼け野原になっていた1970年代中期のブリティッシュ・ハード・ロック・シーンに登場した、ある意味、救世主の様な存在だった。2枚目の『運命の翼』、続く『背信の門』あたりの圧倒的な存在感は、今聴いても凄まじい。しかし、今日に連なるメジャーなスケールの孤高性を生み出したのは、1982年に発表されたこの『復讐の叫び』だろう。生粋のライヴ・バンドである彼らは、ツアーに次ぐツアーで全米市場での活路を見出していく。プラットフォーム型と呼ばれる2階まである立体的なステージを駆使して、当時、ラジオで爆発的な支持を受けていた「ユーヴ・ガット・アナザー・シング・カミング」が、超満員の観客の歓声の中で炸裂した。ステージ最前で繰り広げられるロブ・ハルフォードとグレン・ティプトン、K・K・ダ

文◎伊藤政則

ウニングのフォーメーション・プレイが透けて見えてくるようである。

　アルバムは後にヘヴィ・メタル・アルバムの象徴的な構成となる、「ヘリオン」から「エレクトリック・アイ」の流れで幕が開く。多くのバンドのアルバムが、プロローグ的なインストゥルメンタル曲をオープニングに配するようになるのは、このアルバムをお手本としたからである。確かに、それ以前から散見されるオープニングの構成ではあるが、ヘヴィ・メタルの在り方として提示し、商業的な成功と言う土俵の上で知らしめたという意味でも、ここにルーツを見出すことが出来る。ショウのオープニング、あるいは、アンコールの冒頭でこの2曲が登場する演出などは、英国のバンド独特の演劇性をも浮き彫りにしていく。こういった手法の頂点に立つのは、プリーストと、アイアン・メイデンが双璧である。

　間髪容れずに**03.**になだれ込む、序盤から飛び出す切れ味の鋭い緊迫性。また、濃縮させたエキスを一気に爆発させるタイトル曲の**07.**など、メタルらしい展開が随所に登場する。**05.**は外部ソングライターの曲だ。隙も無駄もないこのアルバムは、全米でベストセラーとなり、ツアーは大盛況を続けた。しかし、空前の成功に沸き立つ全米市場に軸足を置くあまり、他の地域に対するフォローがおざなりになり、日本公演が出来なくなったばかりでなく、祖国イギリスでのコンサートも次のアルバムが完成した直後に行うなど、反動も生まれていった。

KILLSWITCH ENGAGE

キルスウィッチ・エンゲイジ

Alive Or Just Breathing

2002年5月21日発売
Roadrunner Records

01. Numbered Days
02. Self Revolution
03. Fixation On The Darkness
04. My Last Serenade
05. Life To Lifeless
06. Just Barely Breathing
07. To The Sons Of Man
08. Temple From The Within
09. The Element Of One
10. Vide Infra
11. Without A Name
12. Rise Inside

メタリック・ハードコア、略してメタルコアの夜明けを告げる
激情と哀愁のさじ加減は本作がベスト

本作は〝メタルコア〟というジャンルの雛型を作り上げ、後続のバンドに多大な影響を与え、フォロワーを大量発生させたエポック・メイキングな一枚である。00年代を代表するUSメタルコアの代表作と言っても過言ではない。

そこには、このバンドの出生土壌が深く関係している。ハードコアが根深く息づくマサチューセッツ州ボストンで活動していたオーヴァーキャストとアフターショック。その元メンバーで結成されたキルスウィッチ・エンゲイジは、インディー・レーベルからバンド名を冠した1stアルバムを00年にリリース。

その翌年にロードランナー・レコードと契約を結び、この2ndアルバムを完成させた。マシーン・ヘッドやアーチ・エネミーなどを手掛けたアンディ・スニープをミックスに迎え、重厚かつタ

文◎荒金良介

イトな音像を構築。

彼らがユニークな点は、アット・ザ・ゲイツやイン・フレイムスの影響下にある北欧メロデスを彷彿とさせるギター・フレーズを導入しているところだろう。アメリカのバンドらしからぬ寒々しい狂気を宿した音色がいいスパイスとして機能している。

そこにジェシー・リーチ（Vo.）の魅惑のヴォーカルが乗ることで、楽曲の熱量とドラマ性をグッと高める効果を発揮。絞り上げるようなスクリームは迫力満点であり、胸を突き上げてくるエモーションに惹きつけられるばかり。また押し一辺倒ではなく、クリーン・パートも味わい深く聴かせる歌の上手さもポイントだ。

基本、3分前後の楽曲が並び、ブレイクダウンやブラスト・ビート、ブラック・メタルのテイストも盛り込み、コンパクトに聴かせる手腕も非凡なセンスを感じさせる。また、リフやリズムもよく練られ、手数の多いパワフルなドラムも聴き応え十分だ。

メタリック・ハードコア、略してメタルコアの夜明けを告げる激情と哀愁のさじ加減は、本作がベストだろう。この作品の後にジェシー・リーチは一度脱退する。ちなみに、ハワード・ジョーンズ（Vo.）を迎えた次作3rdアルバム『The End Of Heartache』もオススメしたい。

現在は再びジェシーがバンドに復帰し、新作をコンスタントに発表している。ちなみに20年に発表したマシーン・ヘッドの新曲「Stop The Bleeding」にジェシーが参加。ロブ・フリン（Vo./Gu.）と熱い掛け合いを繰り広げ、これがまた凄まじくかっこ良かった！

KORN

コーン

Korn

1994年10月11日発売
ソニー・ミュージックエンタテインメント

01. Blind
02. Ball Tongue
03. Need To
04. Clown
05. Divine
06. Faget
07. Shoot and Ladders
08. Predictable
09. Fake
10. Lies
11. Helmet in the Bush
12. Daddy

軸となるのはヴォーカルのジョナサン・デイヴィスが放つ「負」のエネルギー

言わずもがな、歴史を変えた作品だ。80年代半ばにメタリカが、90年代前半にパンテラが、そして、90年代半ばにコーンが業界を活性化させた。コマーシャリズムにひた走る音楽業界の中で、ヘヴィな音楽を純粋に活性化させる存在が定期的に弾けた事実が、今、私たちの目の前にあるヘヴィミュージックの多様性を作り上げた。それぞれにクローンのようなバンドがいくつも生まれたが、クローンを増殖させたことこそ、そのオリジナリティの証左とも言えるだろう。

　カリフォルニアの田舎町で同級生らを中心に結成されたバンド、その軸となるのはヴォーカルのジョナサン・デイヴィスが放つ「負」のエネルギーだろう。音楽的にはヒップホップからの影響を感じさせるのだが、それがポジティブな勢いとして転化されることはなく、徹底的に怒りや痛みに

文◎武田砂鉄

向かう。

冒頭**01.**から、自分の内心にこびりつく感情を切実に吐露していく。泣きながら、叫ぶ。叫びながら、泣く。ジョナサンの感情に寄り添うように、ジェイムズ〝マンキィ〟シェイファーとブライアン〝ヘッド〟ウェルチのギターが鋭利な音をぶつける。フィールディのベースが心臓の鼓動のような緊迫したリズムを打ち、デイヴィッド・シルヴエリアのドラムが、湖面に波を起こすように力強い一撃をぶつけ続ける。ここまで感情が直接的に発露された音楽もない。

09.では、自分自身の偽りを歌い上げた。自分とは何者なのか、こんなもの、嘘っぽちではないかと晒す。**10.**では、偉そうな連中を奈落の底に突き落としてやると意気込む。**12.**では、自身の父親から受けた虐待の経験をテーマにした。ジョナサンは、今でこそ、フロントマンとしてのカリスマ性を放っているが、彼のカリスマ性には、表裏一体でか細さも残っている。

アルバムジャケットでは、ブランコに乗る少女と、少女に近づく大人の影が写し出される。裏返すと、ブランコの影だけが残り、大人も少女も消えている。目の前のものを信用しない、近づいてくるものに嫌悪を向ける。コーンがさらけ出す人間の膿は、なにも特別なものではない。私たちの中にもそれぞれ棲みついているものである。ただ私たちはそれを隠し通そうとする。気づかないふりをする。不健全を隠すのは健全ではない。だから開放する。そこにヘヴィミュージックの意義があるとは言えまいか。

KREATOR
クリエイター

Pleasure To Kill

1986年11月1日発売
Noise Records

01. Choir Of The Damned
02. Ripping Corpse
03. Death Is Your Saviour
04. Pleasure To Kill
05. Riot Of Violence
06. The Pestilence
07. Carrion
08. Command Of The Blade
09. Under The Guillotine

「一体どんな悪い奴らがやっているんだろう?」というファンタジーを掻き立ててくれる存在

今なおスラッシュ・メタル・シーンの最前線を走り続けているクリエイターのセカンド・アルバム。本作がリリースされたのは86年のこと。メタリカの『Master Of Puppets』、スレイヤーの『Reign In Blood』、ダーク・エンジェルの『Darkness Descends』と、多くの革新的・歴史的名作が発表された年である。中でもこの『Pleasure To Kill』の速度、暴虐性は群を抜いていた。ただ、張本人のミレは、「最高にヘヴィなアルバムを作ろうとは思っていたけれど、最速は目指していなかった」とし、「まともに演奏ができず、各楽器がバラバラの結果、偶然速く聞こえるというマジックが起こったにすぎない」と言っているのだが。音楽的暴虐性に加え、積み重なった死体と悪魔（?）のジャケ、「殺しの快楽」というタイトルと、イーヴルなイメージを徹底。「死体がお前の妻の心臓を食ら

文◎川嶋未来（SIGH）

い、オ○ンコの中から引き裂く」なんていう、今のクリエイターからしたら考えられないような稚拙すぎる歌詞もあいまって、クリエイターはまさに最凶の名がふさわしいバンドであった。「一体どんな悪い奴らがやっているんだろう?」というファンタジーを掻き立ててくれる存在だったのだ。

本作が歴史的名作となったのは、単にめちゃくちゃで激しかったからではない。何より曲がキャッチーなのだ！ 前年にリリースされたデビュー・アルバム『Endless Pain』も相当に激しいアルバムであったが、曲のクオリティから言えば、本作とは大きな隔たりがある。永遠の名曲**02.**、3連のリズムが印象的なタイトルトラック**04.**、ドラムのヴェンターがヴォーカルをとる**05.**、サビで合唱しないやつなんているのかという**09.**。冒頭からエンディングまで、ヘッドバンギングを止める暇がない。当時ノイズ・レコードがつけた本作のキャッチフレーズは、「メタリカの『Master Of Puppets』より良い！」だったが、それも納得。ちなみにアルバムのイントロにあたる**01.**は、LPとCDで長さが異なるが、これはCD化の際、誤ってフルバージョンが収録されてしまったのが原因。

次作からはセカンド・ギタリストが加わり、演奏力も飛躍的にアップ。さらなる人気を獲得していくクリエイター。もちろんそれらの作品も素晴らしいことは確かだが、スラッシュ・メタルという当時最新であった音楽のアイデンティティが初期衝動だったとすると、本作こそが彼らの代表作なのである。

注：イントロの「Choir Of The Damned」を**01.**、「Ripping Corpse」を**02.**とカウントする方式を採用しています。

KYUSS《カイアス》

Welcome To Sky Valley

1994年6月28日発売
Elektra Records

01. Gardenia
02. Asteroid
03. Supa Scoopa And Mighty Scoop
04. 100°
05. Space Cadet
06. Demon Cleaner
07. Odyssey
08. Conan Troutman
09. N.O.
10. Whitewater
11. Lick Doo

1995年のバンド解散後に、いわゆるストーナー・ロックの神盤として再評価を得る

ロサンゼルスやシアトルから遠く離れたカリフォルニア・デザート（砂漠／土漠）で1980年代、独自の進化を遂げたのがデザート・ロックだった。ライヴハウスやクラブがないため、バンにアンプと発電機を積んでだだっ広い砂漠で週末ごとに〝ジェネレーター・パーティー〟が行われた。もちろん無許可で、しかも大量の大麻（当時アメリカでは違法だった）が出回ったため、大っぴらに告知されることがなく、外界から閉ざされたカルト的コミュニティを形成。また閉店時間がないため、延々とジャムが繰り広げられた。そんな中から世界へ打って出たのがカイアスだった。

　ジョシュ・オムのヘヴィなギター・リフとジョン・ガルシアの絞り出すヴォーカル、横ノリのグルーヴとサイケ感溢れるサウンドは新種のメタルと見做され、2作目『BLUES FOR THE RED

文◎山崎智之

SUN』（1992）は日本盤も発売された。「Green Machine」「Thumb」などの秀曲が収録されていた同作だが、さらに〝意識の流れ〟に乗ったジャム色の濃い作風へと進化したのが『WELCOME TO SKY VALLEY』（1994）である。

唯一無二のリフ・ワークと揺らぎのある歌メロ、陶酔感がエスカレートしていく「Demon Cleaner」や「Gardenia」などバンドの代表曲をフィーチュアする本作だが、アルバムにさらなる奥行きをもたらすのは「Asteroid」「Space Cadet」など、向精神性の高いインストゥルメンタル／準インスト・ナンバーだ。根底にハードコアの影響もある彼らだが、「100°（デグリー）」「Conan Troutman」などアップテンポ曲には申し分のない厚みがあり、思う存分首を振らせてくれる。本作ではまた〝ジェネレーター・パーティー〟の主催者でありデザート・ロックのゴッドファーザーとも呼ばれるマリオ・ラーリ率いるアクロス・ザ・リヴァーの「N.O.」をカヴァー、自らのルーツに敬意を捧げている。

英『Kerrang!』誌の1994年のベスト・アルバム7位に選ばれるなど高い評価を得た本作だが、セールスは振るわず、当時日本盤も見送られた（2011年に初発売）。だが、1995年のバンド解散後にいわゆるストーナー・ロックの神盤として再評価を得る。ジョシュはクイーンズ・オブ・ザ・ストーン・エイジを結成、『...LIKE CLOCKWORK』（2013）が全米チャート1位を獲得する大成功を収めた。

LAMB OF GOD

ラム・オブ・ゴッド

Ashes Of The Wake

2004年8月31日発売
ソニー・ミュージックエンタテインメント

01. Laid To Rest
02. Hourglass
03. Now You've Got Something To Die For
04. The Faded Line
05. Omerta
06. Blood Of The Scribe
07. One Gun
08. Break You
09. What I've Become
10. Ashes Of The Wake
11. Remorse Is For The Dead

熱狂的な支持を得てチャート上位の常連となった彼らの、世界制圧を決定づけた会心の一撃

21世紀アメリカン・メタルの旗手であり、最も全米ナンバー1に近いメタル・バンドと見做されるのがラム・オブ・ゴッドだ。熱狂的な支持を得てチャート上位の常連となった彼らの通算4作目（前身バンドのバーン・ザ・プリーストを含む）『ASHES OF THE WAKE』は世界制圧を決定づけた会心の一撃となった。

メジャーの〝エピック〟と契約しての第1弾である本作は、鮮烈なギター・リフと首をねじ切るグルーヴ、ランディ・ブライの獣のようなシャウトが痛烈に尻を蹴り上げる。アルバムが幕を上げる「Laid To Rest」と続く「Hourglass」は轟音の塊を袋に詰めて顔面を殴打するメタルのブラックジャックだ。ギタリストのマーク・モートンは近年、後者を1曲目にするべきだったと語っているが、2曲連続でオープニング・ナンバー級のイン

文◎山崎智之

パクトが襲うことで、聴く者を完膚無きまでに叩き伏せることに成功している。

スラッシュ・メタルとハードコアを融合させたスピード・ナンバーが目立つのも本作の特徴だ。「The Faded Line」「Blood Of The Scribe」「Break You」はアクセルを踏み込んで全速力で壁に突っ込んで爆破する曲だし、「What I've Become」もスラッシーなリフで押しまくる。アルバムのタイトル曲「Ashes Of The Wake」はアレックス・スコルニック（テスタメント）、クリス・ポーランド（元メガデス）というスラッシュ・メタルを代表する2大テクニカル・ギタリストがゲスト参加する真のスラッシュ・ドリームだ。また、ドラマーのクリス・アドラーがメガデスのツアー参加を乞われたのも納得である。

そんな情け容赦ないアグレッションは、２００３年に勃発したイラク戦争への怒りによって増幅されることになった。「Ashes Of The Wake」にはイラクに侵攻した兵士の視点から民間人の虐殺がスポークン・ワードで語られているし、「Now You've Got Something To Die For」も戦場で死んでいく兵士たちの心情が描かれている。

『ASHES OF THE WAKE』の楽曲はライヴでさらに破壊力を増す。それは本作に伴うツアーからライヴ・アルバム『KILLADELPHIA』（２００５）が録音されたことや２０２０年9月、ストリーミングで完全再現ライヴが行われたことからも明らかだろう。本作にある殺しの衝動は、現在でも彼らの中に息づいている。

LIMP BIZKIT

リンプ・ビズキット

Three Dollar Bill, Y'all$

1997年7月1日発売
Interscope Records

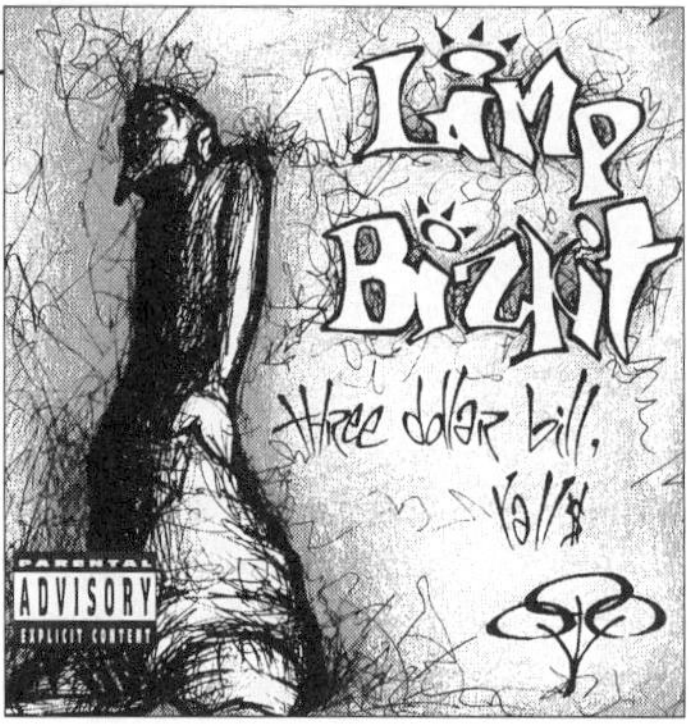

01. Intro
02. Pollution
03. Counterfeit
04. Stuck
05. Nobody Love's Me
06. Sour
07. Stalemate
08. Clunk
09. Faith
10. Stink Finger
11. Indigo Flow
12. Leech (Demo Version)
13. Everything

時代が一周した今だからこそ触れてもらいたい、時代を変えた名作のひとつ

グランジャやヒップホップの台頭により、長きにわたりメインストリームを駆け抜けたHR/HMというジャンルが低迷した1990年代。が、シーンは死滅せず、一部のメジャーアーティストやアンダーグラウンドなバンドは地道な活動を続け、ここ日本を筆頭に安定した人気を保ち続けた。一方で、アメリカのメタルシーンでは新たな動きが見え始める。それが〝ラップメタル〟という、当時のメインストリーム要素を取り入れたサブジャンルだった。

それ以前にはアンスラックスが実践し、以降もフェイス・ノー・モアなどラップをフィーチャーしたメタル寄りのバンドは少数ながらも誕生していたが、レイジ・アゲインスト・ザ・マシーンの登場を機に状況が一変。R&B、ヒップホップ側からメタル側に寄ったようなサウンドを持つバン

文◎西廣智一

ドが急増する。こじつければ、コーンあたりもそちら側と言えなくもない。そして、ここで取り上げるリンプ・ビズキットも確実にそちら側に属するバンドだろう。

ジャズやファンクなどをベースにしたバンドアンサンブルに、ターンテーブルやサンプラーを使用するＤＪを加え、ボーカルは完全にラップ。唯一、鋭角的なギターサウンドでメタリックさを表現したサウンドは、当初こそ旧来のメタルファンからは拒絶された歴史を持つ。もっとも、それは主に日本でのことで、アメリカでは先のＲＡＴＭやコーンなどのチャート的成功を受け、このリンプ・ビズキットもコーンとのパッケージツアー『ファミリー・ヴァリーズ』に参加することで、知名度を高めていく。

デビューアルバムはファンク的な跳ねたリズムにダウンチューニングを施したヘヴィなギターリフ、サイケ感の強いエフェクトが重なることで独特の世界観を構築。**02. 03.** で感じられる狂気性や爆発力からは、ヘヴィミュージックの新たな基準が生まれようとしていることが感じられる。歌メロなし、曲間にはヒップホップ的なスキットも用意されるなど、旧来のメタル耳には最初こそハードルが高く感じられるが、ジョージ・マイケルの代表曲のカバー**09.** に不思議と親しみやすさを覚えるのは、このカバー手法が80年代的なものだからだろうか。

今でもリンプ・ビズキットを偏見の目で見る、ステレオタイプなメタルリスナーは多数存在する。でも、時代が一周した今だからこそ触れてもらいたい、時代を変えた名作のひとつだ。

LINKIN PARK
リンキン・パーク

Hybrid Theory

2000年10月24日発売
ワーナーミュージック・ジャパン

01. Papercut
02. One Step Closer
03. With You
04. Points Of Authority
05. Crawling
06. Runaway
07. By Myself
08. In The End
09. A Place For My Head
10. Forgotten
11. Cure For The Itch
12. Pushing Me Away

全世界で約3200万枚以上のセールスを記録し、
新しい時代を予言するかのように誕生した驚異のデビュー・アルバム

21世紀の幕開けを目前に控えた2000年10月、新しい時代を予言するかのように誕生した今作。今に至るまでに全世界で約3200万枚以上売り上げている事実もさることながら、リリース初週でいきなり5万枚のセールス&ビルボード・チャート初登場16位を記録した、驚異のデビュー・アルバムである。

ヘヴィなギターリフとDJのスクラッチやブレイクビーツを組み合わせ、ラップを取り入れたツイン・ボーカルスタイル。90年代に隆盛したラップメタル/ヘヴィロックの系譜を感じさせながら、さらにグランジやオルタナティヴ・ロックをもルーツに持つ彼らは、怒りや反体制といったアグレッシヴな感情ではなく、ひたすら自らの葛藤と不安をぶちまけるリアルな衝動性を音に込めた。切れ味鋭いリフと攻撃的なラップに、どこまでもメ

文◎後藤寛子

ロウなメロディが共存する。その希有なバランスを実現したキーパーソンは、チェスター・ベニントン（Vo.）だ。のちにシングルカットされた代表曲**02.**が「I cannot take this anymore（もう耐えられない）」という一節で始まることが象徴するように、幼少期の経験により、10代から薬物依存やうつ病に苦しんでいた彼の書く詞は切実だった。新たな時代のロックスターというにはあまりにも脆さをさらけ出した叫びが、多くの若者の心を捉えた。

ネガティヴな要素を孕むと同時に、彼らのロックがメジャーシーンのど真ん中に突き刺さるポップセンスを持っていたことは大きい。それこそ歌詞の内容を知らなければポップスとして受け入れられるほどキャッチーで、ライブではシンガロングを巻き起こさずにはいられないメロディであり、一歩踏み込んで詞を読んだとしても、日本の中高生でも簡単に訳せるシンプルな単語が使用されている。決してメジャーシーンにすり寄ったわけではなく、彼らのやりたい音楽とメッセージ性をありのままに表現した結果、ポピュラリティを得たことが偉業なのだ。その結果、現在日本のラウドロックシーンで活躍するバンドの殆どが、リンキン・パークをルーツに挙げている。

２０１７年に訪れたチェスターの悲劇的な最期の悲しみは永遠に癒えないけれど、自身と向き合い続けた彼の原点と言える今作は、２０２０年に『20周年記念盤』が発売されるなど、今なお色褪せない名盤だ。

LOUDNESS

ラウドネス

THUNDER IN THE EAST

1985年1月21日発売
日本コロムビア

01. Crazy Nights
02. Like Hell
03. Heavy Chains
04. Get Away
05. We Could Be Together
06. Run For Your Life
07. Clockwork Toy
08. No Way Out
09. The Lines Are Down
10. Never Change Your Mind

彼らの登場は国内シーンにさまざまな変化をもたらしたが、この第5作はまさに革命を起こしたといえる

ハード・ロックとヘヴィ・メタルの境界線を明確に言い当てることは誰にもできないはずだが、「これ以前はハード・ロック、以降はメタル」といった分岐点めいたものを歴史の中に見つけることは可能だろう。たとえば英国ならばアイアン・メイデンの登場、そして日本ならばラウドネスのデビューは間違いなく新たな時代の起点となった。彼らが『THE BIRTHDAY EVE～誕生前夜～』と題された第一作を発表したのは、そのメイデンやAC／DC、マイケル・シェンカーが初来日した１９８１年のこと。同じ年、米国ではモトリー・クルーが産声を上げていた。メンバーのうち高崎晃（Gu.）と樋口宗孝（Dr.／２００８年に他界）には、若さに見合わぬ高い実力を備えながらもアイドル的な戦略をもって売り出されたレイジーでの活動歴があったが、２人が同バンド時代か

文◎増田勇一

ら抱えていた「世界に通用するバンドになる」という夢を現実にするために始めたのがラウドネスだった。

彼らの登場は国内シーンにさまざまな変化をもたらしたが、この第5作はまさに革命を起こしたといえる。米大手のアトランティックの傘下にあるアトコ・レコードとの契約が成立し、この作品をもって全米デビューを果たすことになったのだ。それ以前から積み重ねられていた外国人エンジニア起用によるアルバム制作、欧米でのショウケース的なライヴ活動といった試みが、ここでまさに最初の結実に至ったのだった。フリートウッド・マックからニルヴァーナに至るまで数々の歴史的名盤を生んできたLAのサウンド・シティ・スタジオにて、若き日のマックス・ノーマン（すでにオジー・オズボーンやY&Tなどのプロデュース歴があり、のちにはメガデスも手掛けている）の指揮の下で制作された本作は、従来作と比べ、楽曲構成や演奏面においてシンプリシティが重視された作風になっており、その意味においては彼らの特性が存分に活かされているとはいえない。が、このバンドを知らない世界のリスナーに、ラウドネスがいかなる存在であるかを印象付けるためには、すべての要素について改めて吟味し、研磨することが不可欠だったのだ。その甲斐あって、本作は全米アルバム・チャートに長きにわたり居座り続け、最高74位を記録。そうした実績面ももちろんだが、キャラクターの際立った楽曲が機能的に噛み合った本作のフォルムの強力さについても、この先長く語り継がれていくべきだろう。

「メタルの基本」100枚

PART.3

M *to* O

MACHINE HEAD

マシーン・ヘッド

Burn My Eyes

1994年6月1日発売
Roadrunner Records

01. Davidian
02. Old
03. A Thousand Lies
04. None But My Own
05. The Rage To Overcome
06. Death Church
07. A Nation On Fire
08. Blood For Blood
09. I'm Your God Now
10. Real Eyes, Realize, Real Lies
11. Block

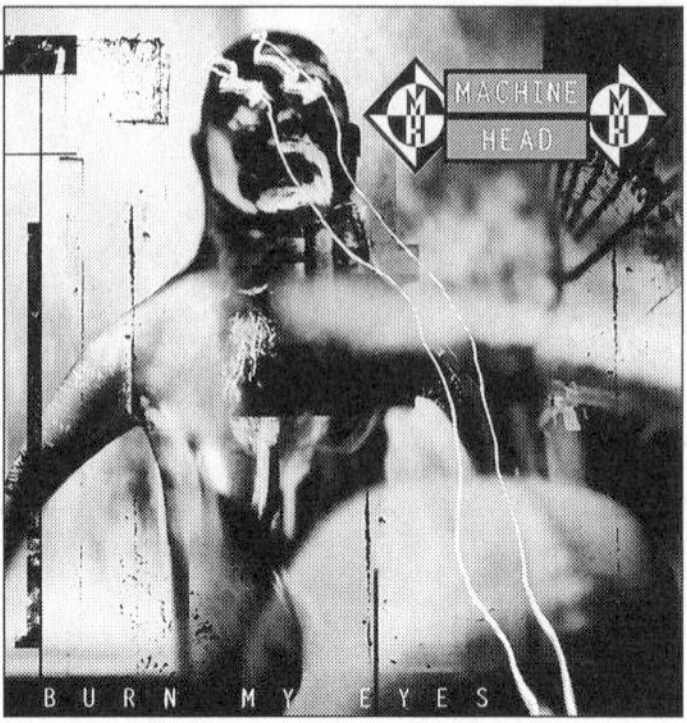

ヘヴィミュージックの純粋な姿勢を抽出し、旧来の音像と改めて混ぜ合わせていく力学が徹底している

常に獰猛《どうもう》でありながら、その獰猛さにヴァリエーションを持ち込んだ彼らの音楽は90年代のヘヴィメタル界には希少だった。メタリカにせよ、アイアン・メイデンにせよ、これまでの自らの音楽への疑いを持ち始め、まとまりに乏しい作品をリリースしていた時期に、ストイックなヘヴィメタルをモダンな形で希求し、存在感を高めていった。

今に至るまでバンドの絶対的な支柱であるロブ・フリンはベイエリアのスラッシュメタルバンド、ヴァイオレンスのギタリストだったが、そのロブの、純正のメタルスピリットが偽者を排除する突破力を見せつけた。ただただ過去を懐かしむようなメタルの姿勢と距離を取った。それでいて流行に酔わずにメタルを前進させるアプローチに早速成功したのが、この1994年のデビュー作とい

文◎武田砂鉄

うことになる。

92年に結成したバンド、94年にデモテープがロードランナーの目に留まり、コリン・リチャードソンのプロデュースによりデビューを果たす。この作品をリリースした直後にナパーム・デスやオビチュアリーとのツアー、スレイヤーのサポートをこなすなど、シーンでも、より力強いバンドからの信頼を勝ち得ていく。音の土台は古典的だが、重ね方が斬新だった。それは**01.**から早速うかがえる。2バスの連打にリフが折り重なり、重厚に、そして、凶暴に引っ張っていく。既存のスラッシュメタルが、疾走感にすがる中で重々しさを失うところを、一度、突進した限りにおいて、勢いを保つ。ヘヴィミュージックの純粋な姿勢を抽出し、旧来の音像と改めて混ぜ合わせていく力学が徹底している。

スラッシュメタル的なエッセンスは、セカンドの『ザ・モア・シングズ・チェンジ…』以降、薄まっていくのだが、基本構造に変化はなく、むしろ、メタルの歴史を背負いながらモダンヘヴィネスの流れに溶け込んでいき、重要なハブ（集線装置）の役割を果たした。「オズフェスト」や「ダイナモ・オープン・エア」などで認知を高めたのも、その歴史を背負おうとする気負いにファンが打たれたからだろう。

日本でも早々に受け入れられ、何度も来日公演を行っている。出向くたびに、巨大なモッシュピットの出現に驚かされるのだが、聴き手に中高年の多いヘヴィメタルシーンの中で、彼らのライブには若い客が押し寄せている。骨太で正統的なアプローチでありながら、メタルの血流の鮮度を保つ存在にもなっている。

MANOWAR

マノウォー

Kings Of Metal

1988年11月18日発売
ワーナーミュージック・ジャパン

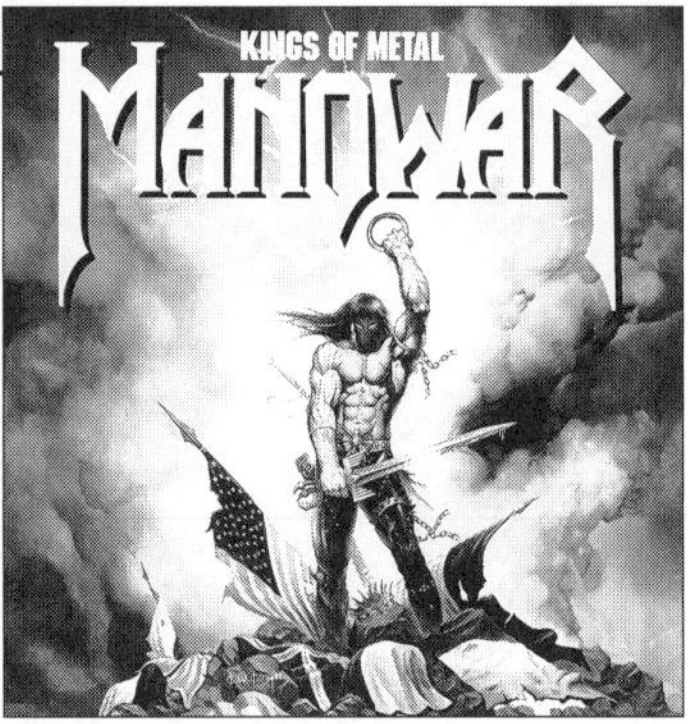

01. Wheels Of Fire
02. Kings Of Metal
03. Heart Of Steel
04. Sting Of The Bumblebee
05. The Crown And The Ring (Lament Of The Kings)
06. Kingdom Come
07. Pleasure Slave
08. Hail And Kill
09. The Warriors Prayer
10. Blood Of The Kings

メンバー自らコミック・ヒーロー的な“戦士”になりきり、“偽りのメタルに死を”をスローガンに“真なるメタル”を追求

80年に米NYで結成、82年にデビューを飾った4人組の第6作。初期より劇場型のイメージ戦略を得意としていたのは、初代マネージャーがキッスを手掛けたビル・オーコインだったからだろうか？　メンバー自らコミック・ヒーロー的な〝戦士〟になりきり、〝偽りのメタルに死を〟をスローガンに〝真なるメタル〟を追求。契約書に血でサインしたり、爆音ライヴでギネス記録を達成する中、やがて世界中でファンというよりは信者と呼ぶべき熱狂的支持基盤を築いていく。そして本作で、遂に〝メタルの王〟を自称するまでになるのだ。

　当時のバンド・ラインナップは、エリック・アダムス(Vo.)、ロス・ザ・ボス(Gu.)、ジョーイ・ディメイオ(Ba.)、スコット・コロンバス(Dr.)。メイン・ソングライターはジョーイで、飽くまで

文◎奥村裕司

古典的なＨＲ／ＨＭ王道を貫きつつも、随所に雄々しく劇的な曲想、壮大で叙事詩的なサウンドメイクが加味されており、１００名の男声合唱団がフィーチャー（英セント・ポール寺院で録音）されていることも話題となった。またジョーイは、ピッコロ・ベースや8弦ベースでの超速プレイでもよく知られており、ここではコルサコフの「熊蜂の飛行」をカヴァー。さらには、そのマッチョな男性原理主義的イメージがひとり歩きし、本作でも、オリジナル・アナログには未収録だった**07.**が女性蔑視的と揶揄されたりもした。

とにかく何もかもが極端かつ大仰で、芝居掛かった大時代的演出は、ある意味『スパイナル・タップ』的でもある。しかし時には失笑を買いながらも、何事にも大真面目に取り組む彼等は、ライヴで共に歌い、叫び、思わず腕を振り上げずにおれない優れた楽曲を多数生み出し、ファンとの絆の深さを多くの楽曲へ刻み込んできた。本作にも、〝マノウォーは演《や》るのではなく殺《や》る！〟と歌う**02.**、曲名からして熱い**08.**を筆頭に、〝漢〟メタルの神曲がテンコ盛り。加えて、お爺ちゃんが孫に〝メタルの王〟の伝説を語り聞かせる**09.**から続く**10.**の歌詞に、過去曲のタイトルをちりばめていること、上記クワイア入りの讃美歌のようなバラード**05.**が、ライヴ終幕の定番ＳＥとなっていることも特筆しておきたい。尚、14年に本作を丸ごとリメイクした『Kings Of Metal MMXIV』が発表されるも、その評判は今ひとつだったり……。

MARILYN MANSON

マリリン・マンソン

Antichrist Superstar

1996年10月8日発売
ユニバーサル ミュージック

Cycle I —The Heirophant
01. Irresponsible Hate Anthem
02. The Beautiful People
03. Dried Up, Tied And Dead To The World
04. Tourniquet

Cycle II —Inauguration Of The Worm
05. Little Horn
06. Cryptorchid
07. Deformography
08. Wormboy
09. Mister Superstar
10. Angel With The Scabbed Wings
11. Kinderfeld

Cycle III —Disintegrator Rising
12. Antichrist Superstar
13. 1996
14. Minute Of Decay
15. The Reflecting God
16. Man That You Fear
17. Untitled

新時代のインダストリアル・メタル決定盤

1989年に、マリリン・マンソン&ザ・スプーキー・キッズとして始動。シンガーであり、バンドの中心人物であるマリリン・マンソンの名は、往年の銀幕を彩った名女優マリリン・モンローと、凄惨な殺人事件を引き起こしたカルト集団のリーダーとして悪名高いチャールズ・マンソンを組み合わせたものだ。当初は他のメンバーも全員この「スター+殺人鬼」のパターンで芸名をつけていた。やがて、ナイン・インチ・ネイルズのトレント・レズナーに見出され、バンド名をシンプルにマリリン・マンソンとし、1994年にレズナーのレーベルであるナッシング・レコーズからデビュー。ただ、そのファースト・アルバム『Portrait of an American Family』は、まだその真の凄さを捉えたとは言い難い出来映えだった。しかし、ユーリズミックスの〝Sweet Dreams

文◎鈴木喜之

(Are Made of This)”を悪夢のようにカバーして次第に調子を上げ、本格的にテコ入れを行なって作り上げたのが、この『Antichrist Superstar』だ。本作以降、ソングライティング面で重要な役割を担っていくことになるベーシストのツイギー・ラミレスが加入したこともバンドの創作レベルを高め、新時代のインダストリアル・メタル決定盤と呼ぶに相応しいアルバムが完成。ツイギーの書いたナンバーをメインに、**01. 04. 10. 12.**、巧みにストゥージズを転用してみせた**13.**、トレントも作曲に関わった**15.**などの佳曲が並び、中でも**02.**は、マリリン・マンソンだけでなく、90年代のロック・シーン全体を代表する傑作と言い切れる。

　先述した芸名のつけ方だけでなく、人々にショックを与える言葉とヴィジュアル演出のセンスは、マンソンにとって天賦の才であり、それは、とりわけライヴ・パフォーマンスの場で凄まじい威力を発揮。独裁者の演説台で聖書を引きちぎり、奇妙な竹馬でステージを練り歩くなど、実はそれほど大掛かりではない仕掛けも見る者へ強烈なインパクトを与え、オーディエンスは熱狂の渦に呑み込まれていく。そして、その表現全編から溢れ出る反社会性が、当然のように「良識派」の人々、特に一部のキリスト教団体から激しく非難されるようになっていく一方で、本作は全米チャート3位まで上昇するブレイクを果たした。

　２０２１年になって、女優のエヴァン・レイチェル・ウッドが過去にマンソンから受けた虐待について告発したことをきっかけに、所属レーベルから契約を破棄される。現時点では、かなり厳しい状況に置かれていると言わざるを得ないが、果たして将来的に再起はあり得るだろうか……。

MASTODON
マストドン

Blood Mountain

2006年9月12日発売
ワーナーミュージック・ジャパン

01. The Wolf Is Loose
02. Crystal Skull
03. Sleeping Giant
04. Capillarian Crest
05. Circle Of Cysquatch
06. Bladecatcher
07. Colony Of Birchmen
08. Hunters Of The Sky
09. Hand Of Stone
10. This Mortal Soil
11. Siberian Divide
12. Pendulous Skin

アンダーグラウンドの超新星が“化けた”メジャーレーベル移籍後の第1弾アルバム

マストドンの軌跡は、アンダーグラウンド出身のバンドが何ら妥協することなくメインストリームのトップを獲るまでのサクセス・ストーリーだ。そして、その物語の一大転機となったのが『BLOOD MOUNTAIN』だった。

バンドを結成したのが2000年、アトランタでのこと。元トゥデイ・イズ・ザ・デイのドラマー、ブラン・デイラーを含むラインアップで、彼らはインディーズの〝リラプス〟レーベルからEP『LIFESBLOOD』（2001）を発表。早くも2002年には〝EXTREME THE DOJO Vol.5〟で初来日公演を行うなど、アンダーグラウンドの超新星として注目されてきた。

そんな彼らが〝化けた〟のが本作だ。メジャーの〝リプリーズ〟レーベルに移籍しての第1弾アルバムは全米トップ40入り。「Colony Of Birchm

文◎山﨑智之

en」がグラミー賞〝ベスト・メタル・パフォーマンス〟部門にノミネートされるなど、見事なブレイクを果たしている。

特筆すべきなのは、彼らがその成功の代償として、音楽的な尊厳を何ら犠牲にしていないことだ。本作の主人公が呪いを解くべくクリスタル・スカルを探し求め、ブラッド・マウンテンに奉納するまでを描いたコンセプト・アルバムであり、4人の演奏が複雑に絡みあいながら展開していくプログレッシヴな作品である。ハードコアに突っ走る「The Wolf Is Loose」から変則フレーズ全開の「Capillarian Crest」「Bladecatcher」まで、縦横無尽にアーティスティックな自由を謳歌する、個性豊かでオリジナルな作品となっている。過去作と較べて〝コマーシャル〟な要素があるとしたらクリーン・ヴォーカルが取り入れられたことだが、表現の幅を拡げるための手法であり、セルアウトとは無縁だ。

そんな本作を祝福するべく、豪華ゲスト陣が参加。クイーンズ・オブ・ザ・ストーン・エイジのジョシュ・オム、ニューロシスのスコット・ケリー、ザ・マーズ・ヴォルタのセドリック・ビクスラーとアイザイア・オーウェンズという、いずれもアンダーグラウンドを起点にのし上がってきた戦友たちだ。

本作を経由して、マストドンは21世紀メタルを代表するバンドのひとつとなったが、〝本業〟のみならずトロイ・サンダース（Ba./Vo.）がスーパーグループのキラー・ビー・キルドやシン・リジィ（!）に参加するなど、その活動からは目を離せない。

MAYHEM

メイヘム

De Mysteriis Dom Sathanas

1994年5月24日発売
Deathlike Silence Productions

01. Funeral Fog
02. Freezing Moon
03. Cursed In Eternity
04. Pagan Fears
05. Life Eternal
06. From The Dark Past
07. Buried By Time And Dust
08. De Mysteriis Dom Sathanas

背景が徹底してブラック・メタルであるのに対し、音楽的な中身はかなり特殊

ノルウェーのブラック・メタル・オリジネイター、メイヘムのファースト・フル・レングス。本作は最高にブラック・メタルである一方、まったくブラック・メタルではないとも言える。何を訳のわからないことをと思うだろうが、まずブラック・メタルなのはその背景だ。本来ヴォーカルを担当するはずだったデッドは、ショットガンで頭を撃ち抜き自殺。さらに本作リリース前に、ベースを担当したヴァーグ・ヴィカネスがギターのユーロニモスを刺殺。ユーロニモスの遺族は、当然ヴァーグのベース・パート削除を要求。ドラムのヘルハマーが弾き直しをしたと発表されていたが、実際差し替えは行われておらず、殺人事件の被害者と加害者の共演はそのままに。そもそもヘルハマーはベースを弾けないのだ。これ以上に呪われている作品など、この世に存在しないだ

文◎川嶋未来（SIGH）

ろう。

背景が徹底してブラック・メタルであるのに対し、音楽的な中身はかなり特殊なものだと言える。チリチリギターのプリミティヴなサウンドに、高音スクリームがブラック・メタルを特徴づけるものだとしたら、このアルバムにそんな要素は皆無。「イーヴルな作品は音質が劣悪であるべき。ダークスローンのアルアムは音質が悪いなんてホザいているやつは、音楽をわかっていない」なんて主張していたユーロニモスであるが、本作を制作するにあたっては、高音質に仕上げることにこだわりを見せていた。さらに彼は、まったくブラック・メタルらしからぬフレットレス・ベースまでも持ち込んでいる（そのサウンドは、**05.** ではっきりと確認できる）。さらにこのアルバムを特殊なものにしているのが、ハンガリーのトーメンターでフロントマンを務めるアッティラ・チハーによる個性的すぎるヴォーカルだ。アッティラは前任のカリスマ、デッドの唱法を一切なぞることなく、独特の「歌」を聴かせることを選択。まるで儀式のチャントのような強烈な歌い方が見事にハマり、アルバムにさらなるオーラを与えることとなった。とまあ、いわゆるブラック・メタルらしさは皆無の本作は、まさに孤高の作品と言うべきもの。

歌詞のほとんどは、デッドの手によるもの。死の予感、死への憧れをヒシヒシと感じさせる、「本物」だけが書ける鬼気迫る内容だ。ぜひ歌詞も味わいつつ聴いてみてほしい。

MEGADETH

メガデス

Rust In Peace

1990年9月24日発売
ユニバーサル ミュージック

01. Holy Wars... The Punishment Due
02. Hangar 18
03. Take No Prisoners
04. Five Magics
05. Poison Was The Cure
06. Lucretia
07. Tornado Of Souls
08. Dawn Patrol
09. Rust In Peace... Polaris

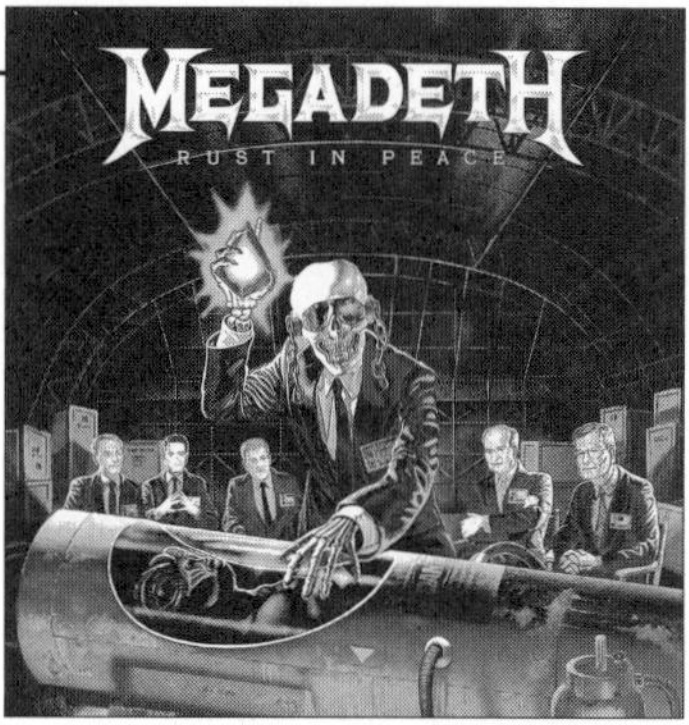

黄金の布陣で発表した本作は、「スラッシュ・メタルの新たな基準」かつ「メタルの新たな基準」となった

黎明期メタリカを作曲面、ライヴ・パフォーマンス面双方で支える存在であったにもかかわらずメンバー間の衝突により解雇を余儀なくされた天才デイヴ・ムステイン。彼が結成したメガデスは1985年にデビュー。NWOBHMのスタイルにハードコア・パンクの性急さを融合させ、かつムステインのセンスによる独特の技巧的プレイや細かいリフをフィーチャーした音楽性を2nd、3rdと押し進め、そのメタルは「インテレクチュアル・スラッシュ・メタル」と称されるようになる。

1990年に発表されたこの4thアルバム『Rust In Peace』は、そんなメガデスにとって一つの転換点となった作品だ。3rdリリース後、ムステイン&デイヴィッド・エレフソンはジェフ・ヤングとチャック・ビーラーをバンドから解雇。後任ド

文◎高橋祐希

ラマーとして白羽の矢が立ったのがチャックのドラム・テックを務めていた故ニック・メンザだった。そして新たなリード・ギタリストとして加入したのが、カコフォニー等で活躍していたマーティ・フリードマンである。かくして黄金の布陣となったバンドが制作・発表した本作は、スピードやアグレッション、鋭角なリフといったスラッシュ・メタルとしての側面は維持しつつも、それまでのアルバムが醸し出していたアンダーグラウンド感をよりオーセンティックなヘヴィ・メタルの感触へと見事に変換することに成功。結果として本作によってメガデスは一気にメジャーな存在となった。

　重要なのは本作が依然として「スラッシュ・メタル」であるという点。バンドの代表曲にしてライヴ定番曲の**01.**や**02.**、**05.**といった楽曲の激しさ・鋭さ・速さにはムステインの類稀なる才能が凝縮されており、そのリフ・メイキングにおけるセンスやソング・ライティングの妙は他の誰にも真似できない。そこに、**07.**をはじめとした各曲で聴くことのできるギターソロ構築における構成美、ある種の王道感をマーティがもたらしたことにより本作は「スラッシュ・メタルの新たな基準」かつ「メタルの新たな基準」となったのだ。スラッシュ・メタルというサブジャンルを、そのエクストリームな魅力を損なうことなく、より広いリスナー層へ届きうる音楽へと引き上げたメガデスの功績は計り知れず、ゆえに彼らは「スラッシュ四天王」の一角なのである。

MERCYFUL FATE

マーシフル・フェイト

Melissa

1983年10月30日発売
Roadrunner Records

01. Evil
02. Curse Of The Pharaohs
03. Into The Coven
04. At The Sound Of The Demon Bell
05. Black Funeral
06. Satan's Fall
07. Melissa

マーシフル・フェイトがいなければ、現在のメタル・シーンはまったく違った様相を呈していたことは確実

バンド名を冠したEPに続いてリリースされた初のフルレングスをここではチョイスしたが、マーシフル・フェイトが80年代に残した3枚の作品は、いずれもメタルの基本中の基本であることは覚えておいて欲しい。彼らが後続のバンド、特に初期スラッシュ・メタル・シーンに与えた影響は計り知れない。メタリカがマーシフル・フェイト・マニアであることは周知の事実。メガデスのデイヴィッド・エレフソンは、バンドを始めた頃、デイヴ・ムステインがマーシフル・フェイトのリフを弾いて聞かせてくれたと証言している。メガデスのファーストで聴ける手数の多いギターリフは、間違いなくマーシフル・フェイトの影響だ。スレイヤーはそのセカンド・アルバム、『Hell Awaits』で突如大作主義に走ったが、これもマーシフル・フェイトの影響。フィリップ・アン

文◎川嶋未来（SIGH）

セルモが、直接ケリー・キングから聞き出した話である。そしてこれもフィリップが指摘していることだが、スレイヤーの「Captor Of Sin」（『Haunting The Chapel』EP収録）のイントロは、「A Corpse Without Soul」のそれに、言い逃れ不可能なレベルで酷似している。現在ブラック・メタルの世界で常識となっているコープスペイントのルーツに、キング・ダイアモンドがいることも間違いない。と、その影響を挙げていけばキリが無い。マーシフル・フェイトがいなければ、現在のメタル・シーンはまったく違った様相を呈していたことは確実なのである。

　にもかかわらず、マーシフル・フェイトやキング・ダイアモンドの話題になると、「曲はカッコいいんだけど、あのヴォーカルがね～」なんていう暴言を吐く不届きものがいる訳だが、キングのファルセットすぎるファルセットを主体とした歌唱法には、明確に元ネタがある。意外や意外の正統派、ユーライア・ヒープのデヴィッド・バイロンだ。「どこがだよ！」という声が聞こえてきそうだが、ぜひ「Bird Of Prey」や「Shadows Of Grief」あたりを聴いてみてほしい。これら極一部の曲でデイヴィッドが披露したファルセットこそが、キングのインスピレーション源なのだ。

　繰り返すが、80年代のマーシフル・フェイトはメタルファンにとって一般教養。そんな彼らが（そしてキング・ダイアモンドも）、いまだ来日を果たしていないというのは、日本のメタル界にとって損失以外の何ものでもない。

MESHUGGAH

メシュガー

ObZen

2008年3月7日発売
Nuclear Blast

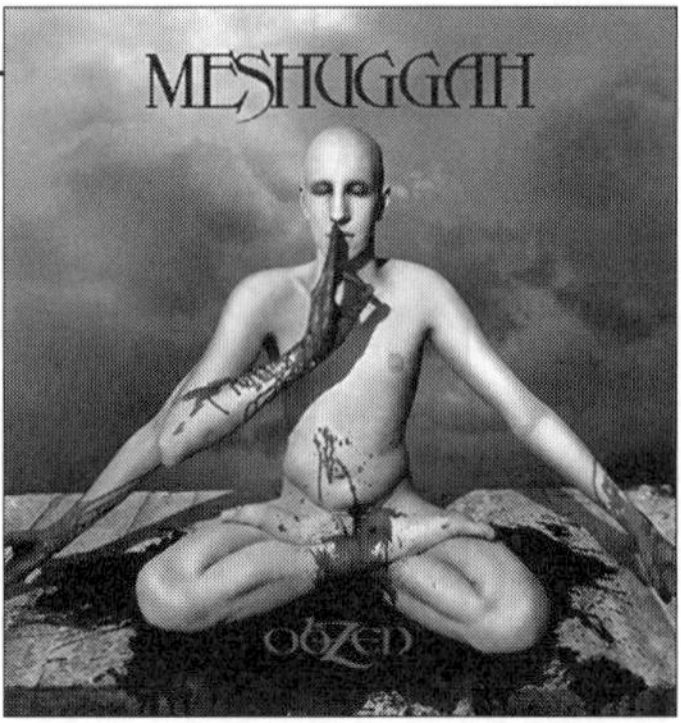

01. Combustion
02. Electric Red
03. Bleed
04. Lethargica
05. ObZen
06. This Spiteful Snake
07. Pineal Gland Optics
08. Pravus
09. Dancers To A Discordant System

エクストリームかつ緻密な世界観でメタルの新しい可能性を切り開いてきたスタイル、そのひとつの完成形

21世紀のメタルにおいて一大潮流となったのがジェントだ。ミュートをかけて刻むように弾く低音ギター・リフ（djentは〝ザクザク〟というような擬音）と変拍子リズム、複雑でプログレッシヴな展開を特徴とするこのスタイルはアニマルズ・アズ・リーダーズやペリフェリー、ヘイケンなど多様なアーティストに影響を与えてきたが、その始祖といえるのがスウェーデン出身のメシュガーである。

１９８７年に結成、エクストリームかつ緻密な世界観でメタルの新しい可能性を切り開いてきた彼らだが、２００８年の『ObZen』はそのスタイルが見たひとつの完成形だ。

ドラマーのトーマス・ハーケがそれぞれの曲で20～30テイクのトラックを録音したのをはじめ、メンバー全員が極限までディテールにこだわった

文◎山﨑智之

本作。予定されていたツアーをキャンセル、アルバムの発売日も4ヶ月遅れて、ギタリストのフレドリック・トーデンダルが「良いのか良くないのか自分たちで判断が付かなくなった」と煮詰まるほど困難を極める作業となった。トーマスは「Bleed」のバスドラムを数十テイク録ったが気に入らず、ほぼノイローゼ状態になり、アルバムに収録しないことも考えたという。

その「Bleed」、そして「Pineal Gland Optics」、「Dancers To A Discordant System」などの楽曲は閉所恐怖症を催させる音の詰め込みを美学に高めている。ギターのトラックを全編ライン録りしたことも、アルバムのサウンドに閉塞感をもたらす。

ただ、頭でっかちになってしまうことなく、イエンス・キッドマンのヴォーカルを筆頭に、スポンテニアスで生々しい刺激が1曲ごとに聴く者を襲うのが本作の魅力だ。

バンド名をイディッシュ語から取るなど、神秘的なイメージもメシュガーの個性であり、本作のタイトルは〝猥褻 obscene ＋禅 zen〟の造語だ。3本の腕を持った両性具有の血まみれ僧侶をあしらったジャケット（手のポーズは仏教の思惟手にも似ているが、通算6作目の〝6〟を意味してもいる）など、アートワークを深読みすることも可能だったりする。なお、彼は「Bleed」ビデオにも登場。白塗り奴隷男や大量のゴキブリ達と共演した。

なおバンドは〝ジェント〟という呼び名をあまり好いておらず、冗談交じりに「変なジャンルを作ってゴメンね」と謝罪している。

METALLICA

メタリカ

Master Of Puppets

1986年3月3日発売
ユニバーサル ミュージック

01. Battery
02. Master Of Puppets
03. The Thing That Should Not Be
04. Welcome Home (Sanitarium)
05. Disposable Heroes
06. Leper Messiah
07. Orion
08. Damage, Inc.

強固なファンベースを持ち、それ故に、アンダーグラウンドから一気に表街道に噴出していった、当時のバンドの凄まじい勢いが感じられる

メタリカの最高傑作は何か？　それこそ、人それぞれの解釈が存在するわけだが、しかし、このアルバムがその問いに対する答えの最右翼として浮上するであろうことは容易に想像がつく。通算3枚目にして、クリフ・バートン（Ba.）在籍、最後の作品だ。さらに注目すべきは、この作品がインディーズの体臭を身にまとっていたということである。アメリカ市場は新たにエレクトラ・レコードと配給契約を結んだが、イギリスは依然としてマーティン・フッカーが運営するインディーズ・レーベル、ミュージック・フォー・ネイションズからの発売で、さらに、ヨーロッパ市場にまで手を広げていた。当時としては異例なことだが、バンドが原盤権を所有していたことから生まれた、バラバラな配給網だった。承知の様に、日本での発売権はCBS・ソニーが獲得している。

文◎伊藤政則

このアルバムからマネージメントを担当したQ Primeのクリフ・バーンスタインとピーター・メンチの助言を受けて、彼らは過去2枚のアルバムの原盤権も獲得。こういった徹底した戦略の行使は、他のバンドとは一線を画す独特な哲学であった。強固なファンベースを持ち、それ故に、アンダーグラウンドから一気に表街道に噴出していった、当時のバンドの凄まじい勢いが感じられる流れである。

前作『RIDE THE LIGHTNING』でエンジニアに起用したフレミング・ラスムッセンを共同プロデューサーに迎え、そして、ミックスをマイケル・ワグナーに任せたことが、サウンドに絶品の整合性を生み出すことになった。マイケルは当時、同じQ Primeに所属するドッケンや、バンドが敬愛して止まないレイヴン、アクセプトなどのプロデュースを務めていた人物だ。

アルバムは名曲ぞろいだ。プロローグをも呑み込んだオープニング・ナンバーは、前作の流れを受け継ぎ、さらに高みを極めた作風を主張している。その迫力ある勢いが2曲目のタイトル曲と呼応していく緊迫感が強烈だ。聴きどころは多い。例えば、亡きクリフの独創的な世界観を見事なまでに凝縮させたインストゥルメンタル曲**07.**だ。ジャズやクラシックなど様々な音楽要素を溶解させて自身のフィールドで再構築させたクリフのスタイルは、豊富な栄養となってメタリカの音楽観の毛細血管を形成していった。**03.**はクトゥルー神話からの影響を感じさせる曲だ。メタリカの元ネタとしてよく登場する。

MINISTRY

ミニストリー

Psalm 69: The Way To Succeed And The Way To Suck Eggs

1992年7月14日発売
Sire Records

01. N.W.O
02. Just One Fix
03. TV II
04. Hero
05. Jesus Built My Hotrod
06. Scarecrow
07. Psalm 69
08. Corrosion
09. Grace

ブルータルなディストーション・ギターを吸収して
メタリックに変貌を遂げてきた彼らが、そのスタイルを完成させた

インダストリアル／エレクトロニック・ミュージックで知られるシカゴの〝ワックス・トラックス！〟からデビュー、ポリスやカルチャー・クラブのツアー・サポートを務めたこともあったミニストリーが凶暴化。ブルータルなディストーション・ギターを吸収してメタリックに変貌を遂げてきた彼らが、そのスタイルを完成させたのが本作だ。

『THE LAND OF RAPE AND HONEY』（1988）『THE MIND IS A TERRIBLE THING TO TASTE』（1989）で激烈なメタルと冷徹なマシン・ビートをクロスオーヴァー、ライヴ・アルバム／ビデオ『IN CASE YOU DIDN'T FEEL LIKE SHOWING UP』（1990）で凄絶なステージ・パフォーマンスを世界に知らしめたミニストリーだが、通算5作目のスタジオ・アルバムではふたつの要素が絡

文◎山﨑智之

み合い高め合うインダストリアル・メタルのひとつの完成形となっている（総帥アル・ジュールゲンセンは〝インダストリアル・メタル〟という呼称について「自分たちが属するのかすらも判らない」と主張している）。

アルとポール・バーカーを軸に、サポート・ミュージシャンやゲスト陣を迎えて作られているが、題材や構成も多彩であり、ジョージ・ブッシュ（父）大統領の〝新世界秩序〟発言をターゲットにした「N.W.O」、バットホール・サーファーズのギビー・ヘインズが意味不明の歌詞を激唱する「Jesus Built My Hotrod」、また「Just One Fix」のミュージック・ビデオをスロッビング・グリッスル／コイルのピーター・クリストファーソンが監督、ウィリアム・S・バロウズが出演している。「Psalm 69」ではオーケストラ・サンプルでスケール感を出しており、1曲ごとに異なった表情を持つ楽曲がひとつの音の塊となって聴覚に総攻撃をかける。バンドとメディアとの関わり方を描いてきた〝TVシリーズ〟の「TVⅡ」も強烈なインパクトを放つ。

1992年に発表、ビル・リーフリン（Dr.）やマイク・スカッシア（Gu.）など参加メンバーに故人もいる本作だが、そのサウンドの殺傷力と鮮度は今日聴いてもいささかも衰えることがない。アルはドラッグ中毒、バンド一時解散、毒グモに噛まれるなどさまざまなトラブルを乗り越え、近作ではメタル度と政治的メッセージ性を加速させながらミニストリーを存続させている。

MORBID ANGEL

モービッド・エンジェル

Altars Of Madness

1989年5月12日発売
Earache Records

01. Immortal Rites
02. Suffocation
03. Visions From The Dark Side
04. Maze Of Torment
05. Lord Of All Fevers & Plagues
06. Chapel Of Ghouls
07. Bleed For The Devil
08. Damnation
09. Blasphemy
10. Evil Spells

演奏、楽曲、プロダクション、そしてH.P.ラヴクラフトから インスパイアされた世界観――すべての点において完璧なアルバム

89年の初め、衝撃的なコンピレーション・アルバムがリリースされた。当時最先端の、そして最も過激な音楽をリリースしていたイギリスのイヤーエイク・レコードから出た『Grind Crusher』という作品である。ナパーム・デスやカーカスといったすでにアルバム・デビュー済みのバンドに加え、テロライザー、リパルジョン、そしてこのモービッド・エンジェルなど、アンダーグラウンドでは絶大な人気を誇っていた、しかしテープトレードにでも手を染めていなければ実際の音は聴くことができなかった未知の強豪の楽曲が、ずらりと並んでいた。そんなツワモノ揃いの中でも、冒頭に収録されていたモービッド・エンジェルのインパクトは相当なものであった。一体フル・アルバムはいつ出るのか。足繁くレコード屋に通い続け、ついに見つけた本作は、膨らみすぎた期

文◎川嶋未来（SIGH）

待さえも優に超える内容であった。
この時点でデスはセカンド・アルバム『Leprosy』をリリースしていたし、ナパーム・デスやカーカスでブラストビートも体験していた。だが、モービッド・エンジェルは、すべてが別次元だった。当時の感覚としては、ブラストビートというのは、ナパーム・デスやカーカスが実践していたように、わずか1分程度の曲の中で飛び道具的に使われるものだという認識だった。だが、モービッド・エンジェルは、これをピンク・フロイドからのインスピレーションを受けたという複雑な楽曲構成の中に、見事に収めてみせたのだ。さらにブラストビートであっても、きちんとリズムをキープできるドラマー、ピート・サンドヴァルを擁していた彼らは、ドラムのサウンドを前面に押し出すことで、さらなる暴虐性を実現した（今のようにPCで修正などできなかった時代の話である）。演奏、楽曲、プロダクション、そしてH.P.ラヴクラフトからインスパイアされた世界観。すべての点において完璧なアルバムである。本作が登場したことで、デス・メタルという音楽は、明らかに数段上のランクに引き上げられた。

実は本作の前に、『Abominations Of Desolation』というアルバムも制作されていたが、完璧主義者である彼らはその出来に満足せず、リリースを見送った、なんていうカッコいい逸話もある一方、お蔵入りした原因は、女の取り合いによるメンバー間の諍《いさか》いと証言する元メンバーもいたりでよくわからない。

MÖTLEY CRÜE

モトリー・クルー

Shout At The Devil

1983年9月26日発売
ユニバーサル ミュージック

01. In The Beginning
02. Shout At The Devil
03. Looks That Kill
04. Bastard
05. God Bless The Children Of The Beast
06. Helter Skelter
07. Red Hot
08. Too Young To Fall In Love
09. Knock 'Em Dead, Kid
10. Ten Seconds To Love
11. Danger

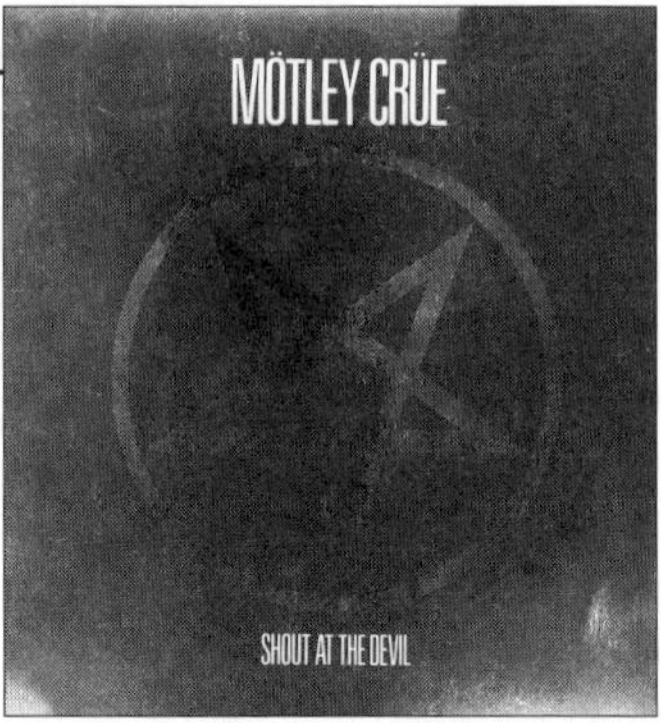

破天荒なくせに頭脳派という独特の立ち位置で世界の頂点へと到達

モトリー・クルーの登場は当時のアメリカＨＲ／ＨＭシーンにとって非常に大きな衝撃だった。〝アメリカの象徴〟的存在のヴァン・ヘイレンとも、イギリスから輸入され始めていたジューダス・プリーストのような正統派とも違った異質な存在感は、まさに〝パンク以降〟という表現がぴったりで、それは英国で勃発していた新たなシーン……アイアン・メイデンやデフ・レパードとの共通点も多数見受けられた。

ＨＲ／ＨＭ的サウンドとグラムロック特有のビジュアル、パンクロックのＤＩＹ的精神性。自主制作で発表されたデビュー作『Too Fast For Love』（１９８１年）にはこういった要素が満載で、彼らが活動をベースにしていたロサンゼルスから新たなＵＳメタルシーンが生まれようとしていたことは一目瞭然だった（これが、のちに日本で「ＬＡメタル」

文◎西廣智一

と呼ばれるようになるヘアメタル／グラムメタルへと繋がっていく)。

デビューアルバムをリミックスした作品でメジャーデビューを果たしたモトリー・クルーは1983年、真の意味でのメジャーデビュー作となる2ndアルバムを制作。チープさが払拭された重厚なサウンドと、映画『マッドマックス』にも通ずる排他的なビジュアル、逆ペンタグラムが描かれたアートワークなど前作とは異なるコンセプトを提示することで、世界はおろか前作で付いたファンに対してもアンチの姿勢を見せる。しかし、これがプラスに作用してバンドは大躍進を遂げることに。さらに、本作発売前にはアメリカ最大級の野外フェス『USフェスティバル』が実施され、そこに出演したことも大きくアルバムは全米17位を記録。現在までに400万枚以上を売り上げる出世作となった。

ドラマチックなSE **01.** からアンセミックな **02.** へと繋がるオープニングは圧巻の一言だし、そこからキャッチーなシングル曲 **03.** **08.**、スピード感に満ちた **04.** **07.**、ビートルズの名曲のメタルカバー **06.**、叙情的なバラード **05.** **11.** などバラエティに富んだ楽曲が並ぶあたり、改めてソングライティング力の非凡さが窺えるし、先に述べたようにコンセプト能力に長けた点もこのバンドの強みだ。さらに彼らはアルバムを出すたびにサウンド、ビジュアルを変化させ続け、破天荒なくせに頭脳派という独特の立ち位置で世界の頂点へと到達するのであった。

MOTÖRHEAD

モーターヘッド

Ace Of Spades

1980年11月8日発売
Sanctuary Records

01. Ace Of Spades
02. Love Me Like A Reptile
03. Shoot You In The Back
04. Live To Win
05. Fast And Loose
06. (We Are) The Road Crew
07. Fire, Fire
08. Jailbait
09. Dance
10. Bite The Bullet
11. The Chase Is Better Than The Catch
12. The Hammer

ヘヴィ・メタルの歴史上に燦然と輝くタイトル曲、「Ace Of Spades」に込められた、激情の美しさを見よ

「俺たちが演っているのはロックンロールだ！」

これが、故レミー・キルミスターが終生言い続けたモーターヘッドの哲学である。つまり、彼らを語る時、ジャンルなどは無意味であるという主張だ。これだけ一貫し、しかも、揺るぎない姿勢で活動してきたバンドは数少ない。そして、世界で最もノイジーなバンドの一つがこのモーターヘッドだろう。徹頭徹尾、フルヴォリュームのロックンロールで疾走するスタイルだ。マイクを下げ気味にして、熱いエナジーで全身の器官を震わせながら、絞り出すようにそのマイクに噛み付いていくのがレミーだ。砂山に立つマカロニ・ウエスタン風の3人の男達。この痺れる格好良さがヘヴィ・メタルだと皆が憧れた。ガンベルトがメタルの重要なファッションの一部になったのは、このバンドの傍に行きたいと願うファンの感情移

文◎伊藤政則

入の強い表れでもあった。

名作と呼ばれるこのアルバムは、新世代バンドの革命としてセンセーショナルに取り上げられた、ニュー・ウェイブ・オブ・ブリティッシュ・ヘヴィ・メタルのムーヴメントの真っ只中に発売されている。メタリカのラーズ・ウルリッヒはモーターヘッドのファン・クラブに入っていたことで知られている。バンドとファンがとても近い存在であり、楽屋の出待ちでも彼らが気軽にサインに応じてくれたことをラーズは感謝しており、今のメタリカはそれを真似て実践している。つまり、多くのミュージシャン達は彼らの生き様をお手本にしている。歴史に残る本物のバンドとは、音楽のみならず、人の生き方にまで影響を与えるものだ。モーターヘッドは、シンプルだが、ファンの記憶に残る音楽を、本作で完成させた。続くライヴ・アルバム『No Sleep ’til Hammersmith』で初の全英1位を記録するのは、この傑作の余韻であり、ライヴ・バンドとしての自己証明であった。

彼らのスローガンである「Live To Win」の爆走力、運命共同体のクルーに捧げた「(We Are) The RoadCrew」など、どれもがメンバーのハートから導き出された曲ばかりであり、故に、ダイレクトにファンの心に届いた。そして、ヘヴィ・メタルの歴史上に燦然と輝くタイトル曲、「Ace Of Spades」に込められた、激情の美しさを見よ。何度聴いても新鮮に感じられるマジックが存在していて、まさに永遠の生命力が感じられるではないか。凄過ぎて泣けてくる。

MICHAEL SCHENKER GROUP

マイケル・シェンカー・グループ

The Michael Schenker Group

1980年8月発売（日付不明）
Chrysalis

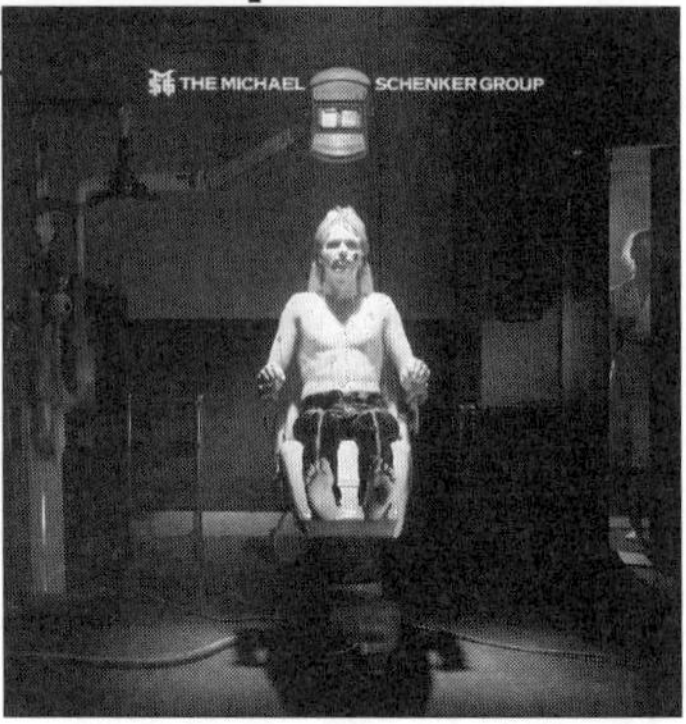

01. Armed And Ready
02. Cry For The Nations
03. Victim Of Illusion
04. Bijou Pleasurette
05. Feels Like A Good Thing
06. Into The Arena
07. Looking Out From Nowhere
08. Tales Of Mystery
09. Lost Horizons

密度の濃い緊張感が続くこのアルバムは、そこはかとない美しさを縦糸に、深いエモーションを横糸にして、実にドラマティックな世界を描き出していく

マイケル・シェンカーは天才である。天才であるが故に人間的な脆さもあった。しかし、彼はそれすらも音楽の肥やしと化して、創作活動の中に流し込んでいった。UFOを脱退した後、彼はオジー・オズボーン、ディープ・パープル、フィル・ライノットなどから誘いを受けたが、自己表現をして実験する明確なヴィジョンを持っていた。一時は、LAでビリー・シーンらとセッションを続けたが、プレッシャーなしで活動するために規模の小さいことをやろうとしていた。それが無名のシンガーであるゲイリー・バーデンと2人で始めた、このザ・マイケル・シェンカー・グループである。1980年8月に発売されたこのデビュー・アルバムにはブリティッシュ・ロック・シーンを代表するセッション・ミュージシャンたちが起用されている。プロデュースを担当したの

文◎伊藤政則

は、当時レインボーのメンバーだった元ディープ・パープルのロジャー・グローバー。マネージャーのピーター・メンチはＡＣ／ＤＣを成功に導いたロバート・マット・ラングをプロデューサーに推薦したが、マイケルは自身の決断でロジャーを選んでいる。

ＵＦＯ時代から革新的なギター・リフを生み出してきたマイケルは、シンプル且つ印象的な楽曲をアルバムに収録し、とりわけ、彼の新たな代名詞となったインストゥルメンタル曲、「イントゥ・ジ・アリーナ」が内包する凄まじい爆発力は、新時代のギタリスト・ブームを巻き起こす原動力になった。最初に制作されたプロモーション・ビデオ「アームド・アンド・レディ」には、マイケルとゲイリーの２人しか映し出されていない。しかし、続いて制作されたビデオ、「クライ・フォー・ザ・ネーションズ」では、初めてバンド形態となり、その布陣の豪華さにファンは息を呑んだ。ドラマーにはレインボーを脱退したばかりのコージー・パウエルが迎えられ、サイド・ギターとキーボードには元ＵＦＯのポール・レイモンドが、ベースには元センセイショナル・アレックス・ハーヴェイ・バンドのクリス・グレンが起用された。そして、このバンドはライヴでさらに魅力を際立たせることになる。密度の濃い緊張感が続くこのアルバムは、そこはかとない美しさを縦糸に、深いエモーションを横糸にして、実にドラマティックな世界を描き出していく。１９８０年代を代表する傑作である。

NAPALM DEATH

ナパーム・デス

From Enslavement To Obliteration

1988年9月16日発売
Earache Records

01. Evolved As One
02. It's A M.A.N.S World!
03. Lucid Fairytale
04. Private Death
05. Impressions
06. Unchallenged Hate
07. Uncertainty Blurs The Vision
08. Cock-Rock Alienation
09. Retreat To Nowhere
10. Think For A Minute
11. Display To Me...
12. From Enslavement To Obliteration
13. Blind To The Truth
14. Social Sterility
15. Emotional Suffocation
16. Practice What You Preach
17. Inconceivable?
18. Worlds Apart
19. Obstinate Direction
20. Mentally Murdered
21. Sometimes
22. Make Way!

これぞ88年当時最先端の音楽であり、今なおグラインドコアの頂点と言える作品

グラインドコアのパイオニア、ナパーム・デス。結成は81年。もともとはアナーコ・パンクの文脈で出てきた彼らだが、年を経るごとにスピード・アップ。ついにリリースされた87年のデビュー作『Scum』は、のちにブラストビートと呼ばれることになる凄まじい速度のドラミングを初めてフルアルバムという形で提示した作品だ（ナパーム・デス加入前のシェイン・エンブリーは、86年頭頃、ナパーム・デスのライヴとジェノサイド（リパルジョンの前身）のデモで、ブラストビートを初体験したと語っている）。1分前後の曲がズラリと並び、28曲でわずか33分（1秒しかない **12.** は、日本のバラエティ番組でも取り上げられた）。今でこそグロウルなんていう言い方も当たり前だが、当時はこんなヴォーカル・スタイルなど耳にしたことはなかった。ミュージシャンたちは、こんな高速ドラムをどうやってプレイ

文◎川嶋未来（SIGH）

しているのかわからず、彼らのライヴ・ビデオをスロー再生して叩き方を確認していたものだ。とにかく何もかもが新鮮。特にメタルファンに与えた衝撃は、並大抵のものではなかった。そして翌年リリースされたのが、このセカンド・アルバム。今回もブラストビートまみれ、22曲で29分とデビュー作と同様の方向性ながら、完成度はこちらの方がはるかに上。ファーストはA面とB面でラインナップが違ったこともあり、やや統一性を欠いていたことは否めなかったが、今回は全編リー・ドリアン、ビル・スティア、シェイン・エンブリー、ミック・ハリスという黄金メンバーによる録音（この4人によるフル・アルバムは本作しか存在しない）。完璧な仕上がりになってしかるべきだ。リパルジョンやテロライザー、シージあたりから影響を受けたウルトラファスト・パートと、ヘルハマーやスワンズからのインスピレーションというヘヴィ・パートのコントラストも見事。これぞ88年当時最先端の音楽であり、今なおグラインドコアの頂点と言える作品である。

89年には日本公演も実現（スレイヤーよりも先に日本にやって来たのだ！）。その後一気にデス・メタル化したEP『Mentally Murdered』をリリースするも、新路線を嫌ったリーとビルが揃って脱退。現在まで続くデス・メタル路線も、そのクオリティは高いにしても、インパクト、他のバンドとの差別化という点においては、やはり初期の2枚が図抜けていたと言わざるを得ないだろう。

NIGHTWISH

ナイトウィッシュ

Once

2004年6月7日発売
ユニバーサル ミュージック

01. Dark Chest Of Wonders
02. Wish I Had An Angel
03. Nemo
04. Planet Hell
05. Creek Mary's Blood
06. The Siren
07. Dead Gardens
08. Romanticide
09. Ghost Love Score
10. Kuolema Tekee Taiteilijan
11. Higher Than Hope

繊細さと豪快さが共存するシアトリカルな作風と相まって、まるでミュージカル映画を楽しんでいるような錯覚に陥る

ＨＲ／ＨＭとオーケストラとの関係は、切っても切れないものがある。古くはディープ・パープルが１９６０年代後半に実践し、以降もメタリカやドリーム・シアター、イングヴェイ・マルムスティーン、ブリング・ミー・ザ・ホライズンなどもトライしてきた。もともとＨＲ／ＨＭの中にはクラシックの要素を取り入れたものも多く、それらをより効果的かつドラマチックに表現するためにオーケストラとのコラボにたどり着くのかもしれない。

そういった密接な関係にあるメタルとオーケストラが、新たなサブジャンルを生み出す。それがシンフォニックメタルと呼ばれるものであり、中でもフィンランド出身のナイトウィッシュはその代表格のひとつだろう。クラシックミュージックの交響曲を彷彿とさせる楽曲構成や、オーケスト

文◎西廣智一

ラを大々的にフィーチャーしたアンサンブル、オペラ的歌唱を用いた男女ボーカルを擁するバンド構成などがその特徴だが、いわゆる旧来の〝HR／HM的様式美〟をさらに激化させたものがこのジャンルという認識でまず間違いないだろう。

そんなナイトウィッシュの通算5作目となるアルバムは、リードシングル**03.**の大ヒット（フィンランドやハンガリーで1位、ドイツでは6位）も手伝い、本国やドイツ、ノルウェー、ギリシャでアルバムチャート1位を獲得。全世界でトータル200万枚以上を売り上げる、キャリア最大のヒット作となった。

レコーディングには、映画『ロード・オブ・ザ・リング』シリーズのサントラ参加メンバーを含むロンドン・フィルハーモニー管弦楽団、アカデミー室内管弦楽団をフィーチャー。本作を最後にバンドから離れるターヤ・トゥルネンの伸びやかな歌声と、マルコ・ヒエタラによる荒々しい男性ボーカルのコンビネーションも見事で、繊細さと豪快さが共存するシアトリカルな作風と相まって、まるでミュージカル映画を楽しんでいるような錯覚に陥る。フォークメタル的要素を強めた**05.**や、歌モノメタルとしても十分に作用する**06.** **07.**、メタルオペラという表現が最適な10分超の大作**09.**など、どれも単曲としても優れた内容だが、これらが1枚のアルバムにまとまることで生まれる〝60分のドラマ〟感は何ものにも代え難い魅力を発している。彼らは以降も名作を量産し続けているが、まずは最初のピークを作った本作から触れていただきたい。

NINE INCH NAILS

ナイン・インチ・ネイルズ

The Downward Spiral

1994年3月8日発売
ユニバーサル ミュージック

01. Mr. Self Destruct
02. Piggy
03. Heresy
04. March Of The Pigs
05. Closer
06. Ruiner
07. The Becoming
08. I Do Not Want This
09. Big Man With A Gun
10. A Warm Place
11. Eraser
12. Reptile
13. The Downward Spiral
14. Hurt

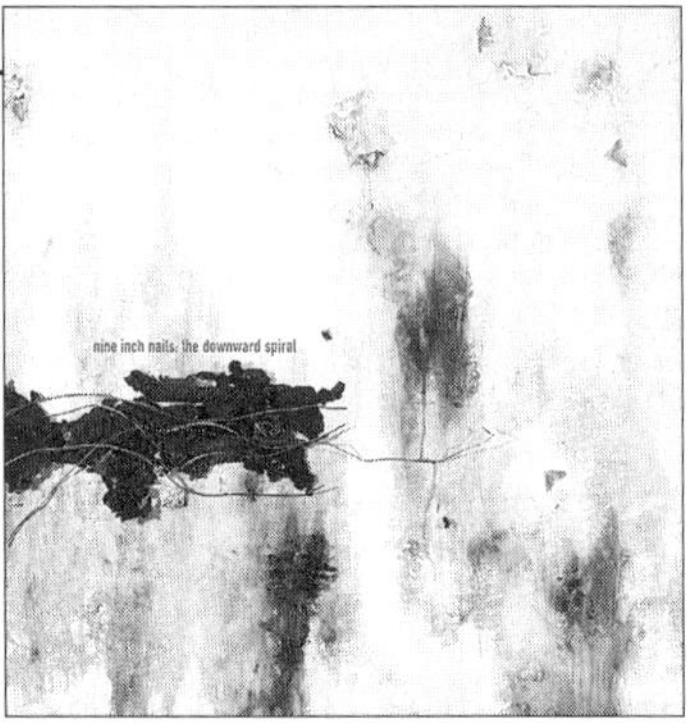

傷口をえぐるような残忍なムードを纏っていながら、実はそれを癒してくれる作品

インダストリアルと大別される音楽について古典的なメタルと同じ枠組みの中で語ることにはいくぶん無理があるかもしれない。が、メタルが多様化と先鋭化、細分化を重ねながら今日的なフォルムへと洗練されてきた過程の中で、〝ひとりバンド〟的な宅録技術の進化、文字通りのメタリックな音像表現のあり方のアップデートといった意味において、その存在を無視するわけにはいかないだろう。

正直に白状するならば、『Pretty Hate Machine』（1989年）当時の筆者自身の彼らに対する認識は「アクセル・ローズの最新のお気に入り」程度のものだった。が、エレクトロな音楽に精通しているわけでもないのに、冷ややかな感触でありながら人の身体を揺らすグルーヴと切れ味の鋭い攻撃性を兼ね備えたその音像に、いつしか中毒症状に近

文◎増田勇一

いところまで引きずり込まれていったのだった。しかも頻発されるシングルやEPで繰り返されるさまざまな実験は、こうした音楽の限界のなさを感じさせずにおかなかった。そして、いわゆるグランジ／オルタナティヴがメインストリームと化し、王道的メタルが隅に追いやられ、メタル自体のあり方にもある種の揺らぎが生じていた時分に登場したのが本作だった。

　アルバムのタイトル自体や、自らをショットガンで撃ち抜くかのような幕開けを伴う**01.**の自己破滅的な表題が示す通り、まさしく終着点のない負のスパイラルのような作品だ。が、シングルにもなった**04.**が象徴するように、ここには「静と動」や「光と闇」といったありがちなコントラストではなく、生々しいほどの絶望、甘美な死への誘惑とそれに抗おうとする生への渇望、狂気と正気の間を激しく往来するかのような、落差の大きな感情が渦巻いている。いわば内省的でありながら攻撃的なのだ。そうした作品が全米アルバム・チャート2位を記録し、米国内だけでも４００万枚に及ぶセールスをあげてきた事実は、本作が病んだ社会に生きる現代人にとっての日常的サウンドトラックになり得ること、また、自己と向き合うためのセラピーのような役割を果たし得ることを証明していたように思う。そして、こうした音楽の作り手であるトレント・レズナーがのちにサウンドトラックの名手として実績と評価を獲得し、ある種カリスマ視されるようになったことにも納得がいく。これは、傷口をえぐるような残忍なムードを纏っていながら、実はそれを癒してくれる作品なのである。

人間椅子

NINGEN ISU

新青年

2019年6月5日発売
徳間ジャパンコミュニケーションズ

01. 新青年まえがき
02. 鏡地獄
03. 瀆神
04. 屋根裏の散歩者
05. 巌窟王
06. いろはにほへと
07. 宇宙のディスクロージャー
08. あなたの知らない世界
09. 地獄小僧
10. 地獄の申し子
11. 月のアペニン山
12. 暗夜行路
13. 無情のスキャット
14. 地獄のご馳走
※ CD のみのボーナス・トラック

人間椅子本来の魅力を炙り出した王道ハード・ロック路線を推し進める、結成30周年の節目に登場した21thアルバム

人間椅子の10年代における再浮上と大活躍ぶりには目を見張るものがある。ライヴのキャパは年々大きくなり、熱烈なオールド・ファンの中に若者も交ざり、幅広い客層をハード・ロック地獄に引きずり込んでいる。その人気はSNS上にも飛び火し、20年2月にはドイツ、イギリスと初の海外ワンマン・ツアーも実現させた。

彼らが再浮上したきっかけはメンバーも認めている通り、日本初開催となった「Ozzfest Japan 2013」への出演であった。初日はももいろクローバーZで和嶋慎治（Vo./Gu.）が数曲ギターを務め、2日目は自身のバンドでステージに立ち、僕も現場で観ていたが、異様な熱気を作り上げていた。その反響を受け、「Ozzfest Japan 2015」にも出演。そこでワンマン・ライヴを観たい！と欲する観客が雪ダルマ式に増えていく。ライヴ動員増は

文◎荒金良介

曲作りにもいい影響を与え、攻めの姿勢を貫きながら、常に自己ベストを更新するスタジオ作を発表し続けている。

そんな右肩上がりの人気の中、デビュー30周年の節目に出た本作21thアルバムはこれまた傑作の名に値するクオリティ。前作『異次元からの咆哮』以降、初のミュージックビデオ集『おどろ曼荼羅』レコ発ツアーでは重箱の隅をつつく過去のレア曲を披露したり、初の公式本『椅子の中から 人間椅子30周年記念完全読本』発刊もあり、バンドの歴史を振り返る機会が多かった。本作はその流れを汲みながら、令和元年リリースというタイミングも重なり、人間椅子本来の魅力を炙り出した王道ハード・ロック路線を推し進める内容に仕上がった。

内容的には青春期特有の陰鬱と情熱をテーマに掲げ、特に前半**05.**まではダークかつヘヴィに攻め立て、徐々に軽快な明るさを帯びていく作品全体の流れも大きな聴き所になっている。

ライヴＳＥに使用されている**01.**は初期曲「陰獣」を彷彿させ、初の無観客ライヴ（20年9月27日）では生演奏に挑戦してくれたが、これがめちゃくちゃかっこ良かった！ ほかに大正琴を導入した**06.**、テルミンとスライド・ギターを用いてホークウィンド譲りのスペーシー感を演出した**07.**、ブラック・サバスの「Planet Caravan」風バラード**11.**、ＭＶが海外で大いにウケて驚異の再生回数を記録した**13.**、またＣＤのみに収録されたボーナス・トラック曲**14.**は初期アイアン・メイデンを彷彿させる荒々しい疾走ナンバー。過去最多の全14曲収録という点もバンドの好調ぶりがうかがえる。

OPETH
オーペス

Blackwater Park

2001年3月12日発売
ソニー・ミュージックエンタテインメント

01. The Leper Affinity
02. Bleak
03. Harvest
04. The Drapery Falls
05. Dirge For November
06. The Funeral Portrait
07. Patterns In The Ivy
08. Blackwater Park

メタルの新たなる方法論を定義し提示した エポック・メイキングな作品

2000年代以降のメタル・シーン、とりわけプログレッシヴ・メタル・シーンを語る上でオーペスの存在は欠かせない。ミカエル・オーカーフェルト率いる彼らの通算5作目となる本作は、メタルの新たなる方法論を定義し提示したエポック・メイキングな作品だ。

1995年に『Orchid』でデビューしたオーペスは、すでに当初から北欧らしいメロディーをフィーチャーした独特の叙情味を見せていたものの、全体的には従来のデス・メタル成分が強いサウンドを聴かせていた。そして徐々に、ミカエルのグロウルではないクリーン・ヴォイスをはじめとしたデス・メタル以外の要素を自分たちの音楽性に盛り込み始める。そして1999年リリースの4th『Still Life』と同編成で制作された本作をもって、オーペス独自の「プログレッシヴ・デス・メタル」

文◎高橋祐希

は完成を見ることとなった。シニックが提示したような近未来的なプログレッシヴさとも、技巧面に焦点を当てたプログレッシヴさともまた異なる、1970年代のプログ・ロックやハード・ロックからの影響をデス・メタルの激烈さと融合させた、新しいメタルをオーペスは披露したのだ。

収録曲**01.**はまさにその融合の象徴たる一曲だ。エクストリームに展開する前半から一転、中盤ではアコースティックな調べとともにミカエルが美しいクリーン・トーンで哀愁のメロディーを歌い上げる。そして後半では再び変拍子を交えたエクストリームな進行を奏で、静かなピアノの旋律で締めくくられる……と、劇的さ・美・静と動の対比といった、まさにオーペスが幅広いファン層を獲得するに至った要素がすべて詰め込まれた名曲である。ヴォーカル・メロディーがあまりにも魅力的な**02.**、アコースティックな**03.**、爆発力と叙情のバランスが素晴らしい**04.**、12分に渡り多彩なサウンド・フレーズが顔を覗かせる**08.**と、いずれの楽曲も恐ろしい完成度と緊張感を誇っている。

なお本作にはプロデュースおよび数曲でのヴォーカル等で、現代プログ・シーンの最重要人物スティーヴン・ウィルソンが参加。以降、両者はたびたびコラボレーションを果たしつつ各々がシーンでの存在感を強めていくことになる。このアルバムは、新時代のメタルとプログレッシヴ・ロックのクロスオーヴァーの起点にもなっているのだ。

OUTRAGE

アウトレイジ

The Final Day

1991年10月25日発売
ユニバーサル ミュージック

01. My Final Day
02. Madness
03. Follow
04. Wings
05. Sad Survivor
06. Visions
07. Veiled Sky
08. River
09. Fangs

音楽的な多様さと深みが、それまで築き上げつつあったスタイルを壊すことなく一気に増加した作品

名古屋に規格外の若手がいる。そんな噂を耳にするようになったのは1985年頃のことだった。翌年には橋本直樹（Vo.）をフロントに据えた布陣が整い、セルフ・タイトルのミニ・アルバム（お馴染みのロゴに×が重なったアートワークゆえに〈ペケレイジ〉との愛称もある）が自主制作盤として発表された1987年当時も、常に「驚異の十代」といった謳い文句が伴っていたものだ。そんな彼らも、今や老舗。30年を超えるその歴史には、メジャー進出や橋本脱退を経ての3人編成期、彼の復帰を経てのドキュメンタリー映画制作や近年の作品の充実ぶりなど、いくつかの特筆すべきポイントがあるが、初の海外レコーディング作となったこの第4作が、このバンドの進化の過程において非常に大きな意味を持っていたことは間違いない。

文◎増田勇一

本作以前の作品でも当然のように、日本に居ながらにして洋楽メタルに匹敵するクオリティを追求していた彼らではあるが、スコーピオンズの往年の作品を手掛けてきたことでも高名なドイツの大御所プロデューサー、ディーター・ダークスの所有するスタジオに詰め、同じくドイツを代表するバンドのひとつであるアクセプトのドラマーだったステファン・カウフマンを指揮官に迎えて制作されたこの作品をもって、見えない壁を突き破るかのような飛躍を遂げることになった。いわゆるニュー・ウェイヴ・オブ・ブリティッシュ・ヘヴィ・メタルを背骨としながらも、ハードコア・パンクや、よりクラシック・ロック的なものも血肉としていた彼らの、音楽的な多様さと深みが、それまで築き上げつつあったスタイルを壊すことなく一気に増しているのだ。キャッチーとさえいえる**01.**、ビリー・アイドルにヒントを得たというコントラストの強い歌唱が光る**02.**という冒頭の畳み掛けの見事さにまず圧倒されるが、ダンジグというよりもザ・ドアーズを想起させる、まとわりつくような闇を持ち合わせた**03. 06. 08.**といった楽曲の存在も興味深い。同時に、当時の彼らが年に1枚という日本のメジャー市場ならではのリリース周期にほぼ則りながら、こうして同時代的な欧米のバンドと音楽的温度差がなく、質的にも遜色のない作品を発表し続けていた事実にも改めて驚かされる。2021年、メタリカやニルヴァーナの歴史的作品ばかりではなく、本作も30歳となった。この局面での再評価熱の高まりにも期待したい。

OZZY OSBOURNE

オジー・オズボーン

Blizzard Of Ozz

1980年9月20日発売
ソニー・ミュージックエンタテインメント

01. I Don't Know
02. Crazy Train
03. Goodbye To Romance
04. Dee
05. Suicide Solution
06. Mr. Crowley
07. No Bone Movies
08. Revelation (Mother Earth)
09. Steal Away (The Night)
10. You Lookin' At Me Lookin' At You

オジーのこのアルバムは世界中のファンを魅了した。イギリスから発信されたヘヴィ・メタルの新しい波が、オジーの環境を一変させたのである

ブラック・サバスのメンバーはドラッグとアルコールの依存症と闘っていたが、オジー・オズボーンが最も酷かったということなのだろう。バンドを離脱し、また、復帰を繰り返したが、1978年の『Never Say Die』を最後に彼はバンドを解雇された。LAのホテルで自堕落な生活を送り、人間失格の日々を送っていたことはつとに有名である。そのオジーを救済すべく現地に入り、見事に更生させたのがジェット・レコードの社長、ドン・アーデンの娘、シャロンだった。周知の如く、現在のオジー夫人である。「シャロンがいなければ今の俺はない！」。これがオジーの口癖だ。そして、ソロ・アーティストとしてのスタートを切った彼は、オーディションにやってきたギタリスト、ランディ・ローズとの運命的な出会いを果たす。

文◎伊藤政則

オジーとランディを〝悪魔と天使〟と言う比喩で語ることがあるが、言い得て妙ではないか。レーベルの重役たちとの会議中にハトの首に嚙み付き、聖なるアラモ砦で立小便して逮捕されるなど、彼の奇行は枚挙にいとまがない。1980年に発表されたアルバム『Blizzard Of Ozz』の邦題は『血塗られた英雄伝説』。担当ディレクターだった故村上太一さん渾身の名タイトルである。日本においてブラック・サバスは空振りだったが、しかし、ソロとなって大きく局面が変わった。オジーのこのアルバムは世界中のファンを魅了した。イギリスから発信されたヘヴィ・メタルの新しい波が、オジーの環境を一変させたのである。ランディが在籍していたQUIET RIOTは、日本で2枚のアルバムを発売していたが、ある意味、無名の存在だった彼の華麗なるプレイは、新たなギタリスト・ブームを巻き起こした。**06.**に代表されるように、嵐の如く吹き荒れるダイナミック且つ美しいギター・ソロは、狂気を運んでくるオジーの絶叫と融合しながら、聴き手を見知らぬメタル・ワールドの奥へと誘いこんでいくのだった。一方では、**03.**の底なしのメランコリックさが感情移入を促した。暴れまくるサウンドを縦糸に、甘美なランディのプレイを横糸に、このアルバムは誰もが体験したことのないダイナミズムを吐き出していくのである。ライヴではギター・ソロをフィーチャーした**05.**の爆発力のある展開、そして、**08.**と**09.**を連結させたことで生まれたアルバムの統一性など、実に聴きどころが多い作品だ。

PART.4

P *to* Y

PANTERA
パンテラ

Vulgar Display Of Power

1992年2月25日発売
ワーナーミュージック・ジャパン

01. Mouth For War
02. A New Level
03. Walk
04. Fucking Hostile
05. This Love
06. Rise
07. No Good (Attack The Radical)
08. Live In A Hole
09. Regular People (Conceit)
10. By Demons Be Driven
11. Hollow

1990年発表の『Cowboys From Hell』であからさまな転機を迎えた彼らが、いっそうの確信をもって自己主張をしてみせたのが本作である

あまりにも簡潔かつ強烈な『俗悪』という邦題が冠せられたことで原題がやや霞みがちだが、このタイトルを教科書通りに直訳すれば「力の粗野な誇示」、つまり「強力さを露骨に見せつけてやるぜ」的な意思表示と解釈できるだろう。**02.**の歌詞では「自信とパワーの新たな次元」という言葉も繰り返されているが、１９９０年発表の『Cowboys From Hell』であからさまな転機を迎えた彼らが、いっそうの確信をもって自己主張をしてみせたのが本作である。

そもそもこのバンドの歴史は、ヴィニー・ポール（Dr.）とダイアモンド・ダレル（Gu.／のちにダイムバッグと改名）の兄弟を軸としながら、彼らの地元であるテキサスを舞台に１９８１年頃には始まっており、それから約５年後にフィリップ・アンセルモ（Vo.）を迎え、『Power Metal』（１９８８年）

文◎増田勇一

を発表した時点で新章突入を果たしたといえる。が、容赦なくすべてをザクザクと切り刻むかのようなギター・サウンドをトレードマークとする新たなスタイルが確立されたのは『Cowboys From Hell』でのことであり、その実験成功を経て、さらに極端な方向へと迷いなく進んだ結果が本作ということになるだろう。継続起用されているプロデューサー、テリー・デイトとの相互理解もより深いところまで達していたことが窺える完璧に焦点の合った仕上がりで、この音に触れるとそれまでの過程は過渡期だったのだと感じられる。

新世代のエディ・ヴァン・ヘイレンとロブ・ハルフォードが激突するかのような、まさしく掟破り的なスタイルは、多くの後続たちに影響を与え、さらには先人たちにも刺激をもたらすことになった。誤解を恐れずに言えば、パンテラとの親和性の度合いが時代との適合度を測る尺度になり得た頃が、確実にあったのだ。発売当時の全米アルバム・チャート上での実績こそ最高44位にとどまっているが、長きにわたり売れ続け、のちにそのセールスは米国内だけでも２００万枚を突破。そうして蓄積されたパワーが次作にあたる『Far Beyond Driven』（１９９４年）で一気に爆発し、同作は初登場1位を記録している。ただ、そうした商業的成功により、彼ら自身の中で持ち前のアンダーグラウンド精神との折り合いがつけにくくなりつつあったことも間違いない。そして今、時代が求めているのはまさにこの当時の彼らのような存在なのかもしれない。ヴィニーとダレルがすでにこの世を去っているという事実が、あまりにも悲しい。

PARADISE LOST

パラダイス・ロスト

Draconian Times

1995年6月12日発売
Music For Nations

01. Enchantment
02. Hallowed Land
03. The Last Time
04. Forever Failure
05. Once Solemn
06. Shadowkings
07. Elusive Cure
08. Yearn For Change
09. Shades Of God
10. Hands Of Reason
11. I See Your Face
12. Jaded

ゴシック・ロックのサウンド、メランコリー、ニヒリスティックな乾きを メタルと融合させた新たなスタイルが、この作品をもって認知されることになった

メタルが有する重さ・暗さ・激情を、デスやドゥームとは異なるアプローチをもつ表現して誕生したゴシック・メタル。このジャンルに触れる上で、始祖であるパラダイス・ロストは当然避けて通れない。

1988年に結成されたこのバンドは1990年に『Lost Paradise』でデビュー。そこから3rd『Shades Of God』に至るまでの初期活動においてはデス・メタル色の強い暴虐性を聴かせていたが、続く1993年の『Icon』にてよりヘヴィネスに主眼を置いた方向性へとシフト。ニック・ホルムズのヴォーカルもそれまでのグロウルからジェイムズ・ヘットフィールド的な迫力を伴う歌唱スタイルへと変化を見せ、さらに耽美性を大きく導入し、ゴシック・メタルという新たな表現手法を披露した。そしてその音楽性に磨きがかけられ一つ

文◎高橋祐希

の完成形として提示されたのが、バンド通算5作目となるこの『Draconian Times』である。

楽曲の完成度、ヘヴィネス、慟哭をドラマティックに演出する緩急の付け方、メロディーの充実度といったあらゆる点で洗練度が大幅にレベルアップ。琴線に触れまくる激しくも切ない美しさを見事に表現した名曲**02.**や**08.**の存在、そしてアートワークの美麗さも含めゴシックの理想が存分に詰め込まれた本作は世界中で注目を浴びた。ポスト・パンク／ニューウェイヴから派生し、ザ・キュアーやザ・スミス、デッド・カン・ダンス、ザ・シスターズ・オブ・マーシー、ザ・ミッションらが発展させてきたゴシック・ロックのサウンド、メランコリー、ニヒリスティックな乾きをメタルと融合させた新たなスタイルがこの作品をもって認知されることになったのである。

本作の登場以降、同世代のアナセマやマイ・ダイイング・ブライドの活躍もあり、ゴシックの系譜は英国・欧州を中心として脈々と受け継がれていくこととなった。２０００年代以降にフィンランドのヒムやアメリカのエヴァネッセンスといったバンドが世界的成功を収めたのも、彼らが築いた下地があってこそ。なおパラダイス・ロストは現在も休むことなく精力的に作品を発表し続けている。キャリアの長さにもかかわらず、ドラマー以外のメンバーが一切替わっていない点も彼らの強みであり、その音楽が今なお説得力十分である理由の一つだろう。

QUEENSRŸCHE
クイーンズライク

Operation: Mindcrime

1988年5月3日発売
ユニバーサル ミュージック

01. I Remember Now
02. Anarchy-X
03. Revolution Calling
04. Operation: Mindcrime
05. Speak
06. Spreading The Disease
07. The Mission
08. Suite Sister Mary
09. The Needle Lies
10. Electric Requiem
11. Breaking The Silence
12. I Don't Believe In Love
13. Waiting For 22
14. My Empty Room
15. Eyes Of A Stranger

このアルバムの凄さと衝撃は、当時のメタル・シーンに「知性とシリアスさ」をもたらした点にある

プログレッシヴ・メタル黎明期を代表する名盤。と、されているが、30年以上経過した現在の耳で聴くとこの音を「プログレッシヴ」と呼ぶことには少々違和感があるかもしれない。「プログ・メタル」の定義、イメージが当時と今とではだいぶ変化しているからだ。実のところ本作は音像としてはかなりオーソドックスなヘヴィ・メタルであり、プログレッシヴ度でいうと前作の『Rage For Order』や、同時期に活躍していたフェイツ・ウォーニング、ヴォイヴォドといったバンドの音楽の方が上だ。むしろこのアルバムの凄さと衝撃は、当時のメタル・シーンに「知性とシリアスさ」をもたらした点にある。

1988年前後はメタルが最もメインストリームだった時代であり、MTV全盛の中でグラム・メタル／ヘア・メタルのファッショナブルなカッ

文◎高橋祐希

コよさやキャッチーなコマーシャリズム、そして台頭しつつあるスラッシュ・メタルを中心としたエネルギッシュな衝動性がメタルの象徴とみなされていた時期。そんな中でクイーンズライクは、練り込まれた物語とコンセプトを主眼とするインテリジェンスに満ちた作品でシーンにカウンターを仕掛けてきたのである。ピンク・フロイドやザ・フーが『The Dark Side Of The Moon』や『Quadrophenia』で行ってきたコンセプト・アルバム／ストーリー・アルバムという手法を、メタルの文脈の中でここまでの高い完成度をもって実践したバンドはそれまで存在しなかった。

そして本作の偉大性は、単にそういった方法論の側面が画期的であっただけではない。純粋に作品としても圧倒的なクオリティを誇っているのだ。このロック・オペラを展開するにあたり、社会・集団への警鐘を孕むディストピアSFという、観念的になりすぎることを避け皆が理解しやすくのめり込みやすいストーリーとして仕上げている点は見事だし、収録曲すべてがシングル・カット可能なほどフックに満ちたリフ・メロディー・フレーズの数々が発する説得力は段違い。さらに終始緊張感に溢れたヘヴィでダークでメタリックな攻撃性によりリスナーの興奮を持続させる。新しさと同時にメインストリームど真ん中で勝負できる力、そして時代を超えて愛される強度を堂々と備えた、まさにメタルの教科書たる1枚である。

RAGE AGAINST THE MACHINE

レイジ・アゲインスト・ザ・マシーン

Rage Against The Machine

1992年11月3日発売
ソニー・ミュージックエンタテインメント

01. Bombtrack
02. Killing In The Name
03. Take The Power Back
04. Settle For Nothing
05. Bullet In The Head
06. Know Your Enemy
07. Wake Up
08. Fistful Of Steel
09. Township Rebellion
10. Freedom

ベトナム戦争中の仏教徒弾圧に抗議して焼身自殺する僧侶のアルバム・ジャケットは、ロックが元来持っていたラディカリズムを取り戻す行為だった

1990年代前半のロックに〝反骨〟という大時代な表現を取り戻させたのがレイジ・アゲインスト・ザ・マシーンだ。〝マシーン＝体制〟に対する怒りを表したバンド名、政府や富裕層へのプロテスト・ソング、ベトナム戦争中の仏教徒弾圧に抗議して焼身自殺する僧侶のアルバム・ジャケットは、ロックが元来持っていたラディカリズムを取り戻す行為だった。トム・モレロのヘヴィでトリッキーなギター、ザック・デ・ラ・ロッチャのアジテーションに近いラップ・ヴォーカル、ティム・コマーフォードとブラッド・ウィルクの大地を揺るがすリズム隊が織り成す強靭なサウンドは、反体制としてのロックを蘇らせることになった。

その音楽性は、メキシコのサパティスタ反政府運動や冤罪囚レナード・ペルティエへの支援声明、

文◎山﨑智之

検閲団体ＰＭＲＣへの抗議でバンド全員が口にガムテープを貼ってフルチンでステージに上がるなどのメッセージ性と相乗効果をもたらし、新時代のヘヴィ・ロックとして熱狂的に迎えられている。

とはいっても彼らの音楽性が、まったく何もないところから生まれたわけではない。ＤＪのスクラッチやエレクトロニック・ノイズを思わせるソロを筆頭に、独創的なプレイで知られるトム・モレロのギターだが、その原点にあるのは１９７０〜１９８０年代のハード・ロックとメタル。トグルスイッチをＯＮ／ＯＦＦするプレイはエース・フレーリーとランディ・ローズからヒントを得たものだ。また、トムがハーヴァード大学在籍時にエクストリームのライヴを見て、「Kid Ego」などのリフから影響を受けて、新バンド結成にあたってゲイリー・シェローンを引き抜こうとした事実もある。だが、メタルの伝統を起爆剤として斬新な表現を創り出したことで、レイジはひとつの時代を代表するバンドとなった。

３枚のスタジオ・アルバム（＋カヴァー作）しか発表していないにも拘わらず、その影響力は絶大なものだ。オーディオスレイヴやプロフェッツ・オブ・レイジなどの派生バンドのライヴでも「Killing In The Name」などのレイジ・ナンバーは常に観衆を煽動してきたし、レイジ本体も２００７〜２００８年に復活を果たしている。２０２０年にも再結成が発表されたが、新型コロナウイルスの影響でライヴは延期に。だが時代が彼らを求めるとき、レイジは必ず再臨し、世界をシュートするだろう。

RAINBOW
レインボー

Rising
1976年5月17日発売
ユニバーサル ミュージック

01. Tarot Woman
02. Run With The Wolf
03. Starstruck
04. Do You Close Your Eyes
05. Stargazer
06. A Light In The Black

リッチーとロニーが共に傾慕する中世ヨーロッパ風の歴史ロマンとファンタジックな世界観が、ここにきて一気に増幅

75年6月にディープ・パープルから脱退したリッチー・ブラックモアは、その騒動の最中にアメリカのバンド、エルフを乗っ取るような形でレインボーをスタート。当初ソロ・プロジェクトのつもりでレコーディングを進める中、そのまま新バンド始動となった。しかし、リッチーが欲しかったのはヴォーカルのロニー・ジェイムズ・ディオのみで、デビュー作『Ritchie Blackmore's Rainbow』（75）完成後、ロニーを除くエルフ組は解雇され、次いで行なわれたオーディションにより、元ジェフ・ベック・グループのコージー・パウエル（Dr.）、当時無名のジミー・ベイン（Ba.）＆トニー・カレイ（Key.）をリクルート。そうして、数ヵ月のツアーを経て制作されたのが本作セカンドだ。ちなみに、当時のバンド名義は〝ブラックモアズ・レインボー〟だった。

文◎奥村裕司

プロデュースを手掛けたのは前作と同じくマーティン・バーチ。ただ、エルフのファンキーなノリが少なからず出ていた前作とは異なり、リッチーとロニーが共に傾慕する中世ヨーロッパ風の歴史ロマンとファンタジックな世界観がここにきて一気に増幅され、日本では〝様式美サウンド〟と呼ばれるクラシカルかつ荘厳な仕上がりが濃厚に。殊に、曲名通り魔術的ヴァイブに満ちた**01.**、古代エジプトを舞台にミステリアスで壮大なドラマが繰り広げられる連作**05. 06.**では、ストーリーテラーとしてのロニーの図抜けた才気が迸《ほとばし》りまくっており、それによってレインボーというバンドのイメージが決定付けられたとも言えよう。また、コージーのタイトなドラミングを活かした、オーケストラ起用のどっしり重い**05.**&疾走感と躍動感に満ちた**06.**という2つの大作が対を成し、SFファンタジーを盛り立てているのも見逃せない。

　この魔法のようなサウンドに憧れたバンド／ミュージシャンは数知れず。多くのフォロワーに多大なる影響を及ぼした本作は、バンドのファンからも最高傑作と讃えられている。ところが、続くサード『Long Live Rock 'N' Roll』(78)では同路線がほぼ引き継がれたものの、その後リッチーがアメリカ市場を強く意識するようになり、レインボーの音楽性は次第にポップ化。それに伴い、情念溢れる暑苦しい歌唱スタイルがハマらなくなったロニーは、自らの居場所を失ってしまう…。

RAMMSTEIN
ラムシュタイン

Mutter

2001年4月2日発売
ユニバーサル ミュージック

01. Mein Herz Brennt
02. Links 2 3 4
03. Sonne
04. Ich Will
05. Feuer Frei!
06. Mutter
07. Spieluhr
08. Zwitter
09. Rein Raus
10. Adios
11. Nebel

旧共産圏というロック番外地に産まれ、裸一貫で世界を目指してきた　バンドが満を持して完成させたアルバム

１９９４年に結成。メンバー６人全員が、旧東ドイツ出身。１９９７年にトレント・レズナーが監修した名サントラ『Lost Highway』で楽曲が収録され、翌１９９８年にはKORNが主催するイベント・ツアーの「ファミリー・ヴァリューズ」に参加を果たす。身体を張ったステージ・パフォーマンスも話題を集め、ジワジワと成功への道を切り開いてきた彼らが、満を持して完成させたのが、このサード・アルバムだ。地道に積み重ねてきたキャリアがプロダクションにも反映され、それまで以上にヘヴィな仕上がりに。壮麗なオーケストラをフィーチャーしたオープニング・トラックをはじめ、以降のライヴで人気曲となるナンバーが立て続けに飛び出してくる。

　ラムシュタインと言えば、爆炎が吹き上がり、股間から放水するド派手なライヴ演出とともに、

文◎鈴木喜之

刺激的な内容のビデオクリップでも知られるが、それが本格化してくるのも本作のシングルから。東独という出自を背景に、共産主義的なイメージを象徴するアリが登場し、集団性の不気味さを超えて奇妙な感情移入を呼び起こす**02.**。白雪姫をモチーフに、長身揃いのメンバーが７人ならぬ６人の小人を演じて、支配と従属の奇妙な寓話を綴った**03.**。銀行に押し入ったテロリストがメディアの力でヒーローに祭り上げられていく狂気を描き出す**04.**と、どの曲のビデオも未だに見応えのある傑作ばかりだ。このバンドの入門編には、やはりライヴ映像作品かビデオクリップ集をオススメしたい。

サウンド的には、ハード&ヘヴィなギター・リフに、エレクトロニックな要素を絡めた、いわゆるインダストリアル・メタルに位置づけられるが、渋い声質を活かしながら、時に野太く唸り、時に朗々と歌い上げるティル・リンデマンのドイツ語ヴォーカルがそこに乗ることによって、他のバンドにはない個性を刻印。その歌唱と演奏からは、旧共産圏というロック番外地に産まれ、裸一貫で世界を目指し、奮闘してきたゲルマン魂の（まさに**01.**のタイトルのごとく）燃え上がっている様が伝わってくるかのようだ。

以降、着実に世界的な成功を収めた彼らは、２０１９年には欧州各地で数万人規模のスタジアム・ツアーを即時ソールドアウトする大人気ぶりを見せつける。ちなみに、２０００年のフジロックに出演を果たし、小さなテントのステージで演奏したのに続き、翌２００１年と２００５年には単独来日公演が行なわれているが、その後、今までのところ日本でのライヴは実現していない。

RATT
ラット

Out Of The Cellar

1984年3月23日発売
ワーナーミュージック·ジャパン

01. Wanted Man
02. You're In Trouble
03. Round And Round
04. In Your Direction
05. She Wants Money
06. Lack Of Communication
07. Back For More
08. The Morning After
09. I'm Insane
10. Scene Of The Crime

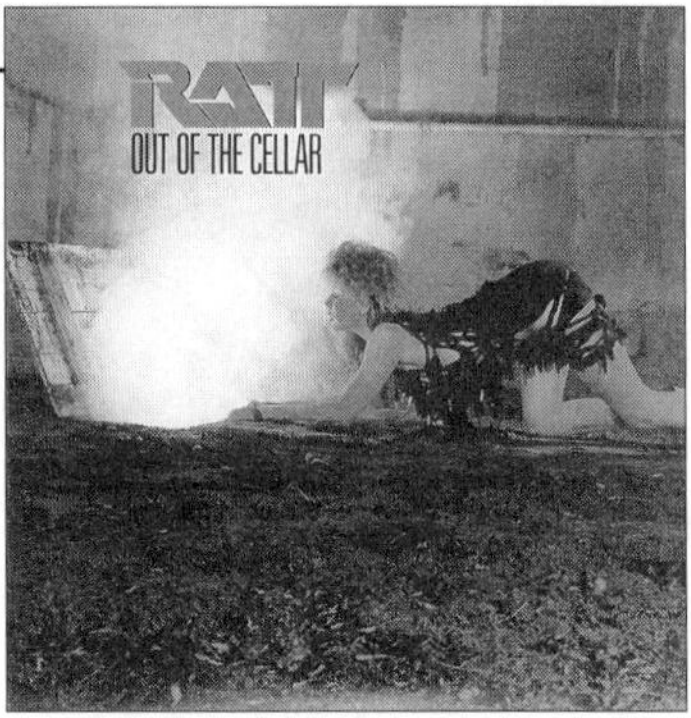

日本ではLAメタルという独特の名称で知られる
ヘアメタル/グラムメタル界隈、その代表格としてシーンに君臨

1983年はUSメタルシーンにとって大きな転換期だった。メタリカやスレイヤーのデビュー、クワイエット・ライオットの全米1位獲得、イギリスからの刺客デフ・レパードの人気爆発、モトリー・クルーの大躍進。野外フェス『USフェスティバル』メタルデーに数十万人も集客したのもこの年のトピックだ。

　そんな転換期を経て、1984年にはさらに新たな波が生まれる。それがボン・ジョヴィとラットのデビューだ。東海岸出身のボン・ジョヴィはデビューから数年後にメガヒット作を生み出すことになるが、一方で西海岸出身のラットはデビュー作からクライマックスと呼ぶにふさわしい大ヒットを飛ばす。『情欲の炎』という邦題で知られるメジャーデビューアルバムは、リードシングル**03.**の全米12位というスマッシュヒットも手伝い、

文◎西廣智一

アルバム自体も最高7位まで上昇し、３００万枚を超える売り上げを記録。早くも時代の波に乗ることに成功する。

日本ではＬＡメタルという独特の名称で知られるヘアメタル／グラムメタル界隈だが、このラットやモトリー・クルーはその代表格としてシーンに君臨。中でもラットは、ヴァン・ヘイレン以降のバンドらしい〝チャラさ〟を前面に打ち出したファッションと、ＵＫメタルの硬派さとＵＳバンドらしい軽やかさ、ポップさが強く表出したサウンドが高く評価されたように記憶している。決してキャッチーとは言い難いスティーヴン・パーシーのクセの強い歌唱と、ウォーレン・デ・マルティーニやロビン・クロスビーといったギタリスト勢のビジュアルも、人気に一役買ったことは間違いない。

だが、ここで強く断言しておきたいのは楽曲の良さについて。これぞラットなヘヴィチューン**01.**や**07.**、ギターリフのカッコ良さがハンパない**06. 08. 09.**などのアップチューン、メロディアスさが際立つ**03. 10.**など捨て曲一切なし。特にミドルテンポを中心とした独特のスタイルは当時“Ratt 'n' Roll”の愛称で親しまれたことも懐かしい。しかし、本作の完成度が高すぎたこと、ヘタウマシンガーのスティーヴンの個性を生かすことで楽曲の幅が狭まり、次作以降はそのバリエーションをどう増やすかで荒波に揉まれることになる。そういった意味でも、本作は1作目にしてラットのすべてが詰まった1枚と言えるのではないだろうか。

S.O.D.

エス・オー・ディー（ストームトゥルーパーズ・オブ・デス）

Speak English Or Die

1985年8月30日発表
Megaforce Records

01. March Of The S.O.D.
02. Sargent "D" & The S.O.D.
03. Kill Yourself
04. Milano Mosh
05. Speak English Or Die
06. United Forces
07. Chromatic Death
08. Pi Alpha Nu
09. Anti-Procrastination Song
10. What's That Noise
11. Freddy Krueger
12. Milk
13. Pre-Menstrual Princess Blues
14. Pussy Whipped
15. Fist Banging Mania
16. No Turning Back
17. Fuck The Middle East
18. Douche Crew
19. Hey Gordy!
20. Ballad Of Jimi Hendrix
21. Diamonds And Rust

クロスオーヴァー・スタイルのサウンドの先陣を切った作品

フアーストの『Fistful Of Metal』（1984年）時代のアンスラックスのメンバーだったスコット・イアン（Gu.）、チャーリー・ベナンテ（Dr.）、ダン・リルカ（Ba.）が、ビリー・ミラノ（Vo.）と組んだバンドのデビュー作。ヘヴィ・メタル・サイドからハードコア・パンクにクロスオーヴァーした最初というだけでなく、クロスオーヴァー・スタイルのサウンドの先陣を切った作品でもある。90年代後半に再結成したが、基本的に短期集中型のプロジェクトだったからこそ後先考えないで好き勝手にやりたい放題で、ルビコン川を渡ってタブーを犯したアルバムでもある。

稀代のメタル・リズム・ギタリストであるスコットのメチャクチャ歯切れのいいキャッチーなリフを核に、スラッシュ・メタリックな音でハードコア・パンクをファックしていくが、音楽的ヴォ

文◎行川和彦

キャブラリーが豊富で内容盛りだくさんだ。問答無用のメタル・マーチング・チューンであるミディアム・テンポのインストの**01.**で、もう血沸き肉躍る。以降スラッシュ・メタルという言葉からイメージできるソリッドな音の速いパートが目立つが、あくまでも簡潔でマイナー・スレットなどの初期ワシントンD.C.ハードコア・パンクのような加速度の音だ。

一晩語り明かせるほどネタの宝庫である。**10.**はS.O.Bの〝迷曲〟「To Be Continued」につながる。ブラスト・ビートを使った高速チューンの**12.**は、サンクス・リストにオランダのラームや米国のシージがクレジットされたことで納得。ビリー仕込みと思しき今も変わらぬ米国のサイレント・マジョリティの本音みたいな物騒な歌詞も強烈で、**05.**に対しては英国のエクストリーム・ノイズ・テラーとコンクリート・ソックスがアンチ・ソングを作り、**17.**も恐ろしいほど〝先見の明〟ありだ。数秒のショートカット・ナンバーの**09.** **19.** **20.** **21.**は、ある意味ナパーム・デスの一番有名な曲「You Suffer」より早かった。現シック・オブ・イット・オールのクレイグ・セタリと組んで、本作直前にダンがやったプロジェクトのクラブ・ソサイアティ直系とも言える。曲名や歌詞も含めて辛辣なユーモア・センスは、ソア・スロートやゲロゲリゲゲゲ、アナル・カントの先を行っていた。あちこちの馬鹿っぽいコーラスもアナル・カント風だったりするのであった。

SABATON

サバトン

The Art Of War

2008年5月30日発売
ワードレコーズ

01. Sun Tzu Says
02. Ghost Division
03. The Art Of War
04. 40:1
05. Unbreakable
06. The Nature Of Warfare
07. Cliffs Of Gallipoli
08. Talvisota
09. Panzerkampf
10. Union (Slopes Of St. Benedict)
11. The Price Of A Mile
12. Firestorm
13. A Secret

古代中国の兵法書『孫子』にインスパイアされた
コンセプト・アルバム

99年結成、古今東西の戦争を楽曲の題材とすることから、〝ウォー・メタル〟〝ミリタリー・メタル〟と呼ばれるスウェーデン産メロディック・メタラーの第4作。古代中国の兵法書『孫子』にインスパイアされたコンセプト・アルバムで、原典全13章を踏まえた13曲を収めるが（10年拡張版には人気曲「Swedish Pagans」など4曲追加）、実のところ、題材の多くを第一次&第二次世界大戦から拾い、事前にファンからネタを募ってもいたようだ。表題曲**03.**のように原典（ここでは第3章〝謀攻篇〟）に即した曲もあるし、**01. 06. 13.**のようにナレーション（既存のオーディオブックから引用）のみのトラックもあるが、その他の大部分については、『孫子』各章の内容に見合う戦闘や作戦などを20世紀のヨーロッパ戦線から見付けて並べた……ということなのだろう。

文◎奥村裕司

当時のバンド・ラインナップは、ヨアキム・ブローデン（Vo.）、リッカード・スンデン（Gu.）、オスカル・モンテリウス（Gu.）、パール・スンドストレム（Ba.）、ダニエル・ムルバック（Dr.）、ダニエル・ミュール（Key.）で、これは05年から12年まで不動。メイン・ソングライターは元々キーボーディストだったヨアキムで、80年代の流儀を受け継ぐそのサウンドは、無骨で、重厚で、勇壮でありながらキャッチーでもあり、オールドスクールというかトラディショナルというか……何ともオーソドックス。ただ、多くの楽曲にはシンフォニックなアレンジが施され、その辺はマノウォーやナイトウィッシュからヒントを得たようだ。また、基本どの曲もライヴでどれだけ盛り上がれるか……といった点が重視され、一度聴いただけで一緒に歌えるキャッチーさも併せ持つ。

そう、ライヴこそが彼等最大の武器。正直言って、ヨアキムはヘタウマ系だし、バックの演奏も当時はかなり心許なかった。しかし、そのライヴにはフレンドリーな〝楽しさ〟がある。戦争がテーマで、メンバー全員が迷彩パンツ着用なのに、演奏中はみんな笑顔。ショート・モヒカンにナス形サングラス、謎のプロテクター衣装でキメたヨアキムがおどけたキャラを演じ、常にファンとごく近い立ち位置にいるのも大きい。そうして彼等は、いつしかヨーロッパ全土で絶大なる人気を獲得し、バンド名を冠したフェスを開催するまでになるのである。

SCORPIONS
スコーピオンズ

Blackout

1982年3月29日発売
ソニー・ミュージックエンタテインメント

01. Blackout
02. Can't Live Without You
03. No One Like You
04. You Give Me All I Need
05. Now!
06. Dynamite
07. Arizona
08. China White
09. When The Smoke Is Going Down

アンダーグラウンド色のあるメタル・サウンドを出発点として、本作はワールド・クラスの大物バンドとなる彼らの橋渡しとなった

ドイツ出身のハード・ロック／ヘヴィ・メタル・バンドとして初めて世界進出を成し遂げたのがスコーピオンズだった。

ルドルフ・シェンカー（Gu.）とクラウス・マイネ（Vo.）をバンドの絶対的な両輪として、マイケル・シェンカーやウリ・ジョン・ロートといった名ギタリストが在籍してきたこのバンドだが、本格的な全米制覇を成し遂げたのは、マティアス・ヤプスを迎えて3作目となる『BLACKOUT』である。

アンダーグラウンド色のあるメタル・サウンドを出発点として、ワールド・クラスの大物バンドとなる彼らの橋渡しとなった本作。過渡期といえども中途半端さはまったく感じさせず、エクストリーム感とメジャー感を両立させたダブルの攻撃力で襲う。

文◎山﨑智之

鋭角的に斬り込むギター・リフが聴覚を引き裂く「Blackout」、ヘッドバンギングを誘発させる曲調にクラウスの一線を越えたシャウトが重なる「Now!」、タイトル通り爆発的な「Dynamite」、ミッドテンポの繰り返す呪術的なリフが陶酔感を伴う「China White」などは、バンドの持つエッジが殺傷力を増していることを窺わせる。

一方、スケールの大きなアリーナ・ロック路線も本作で開花。パワー・バラード「No One Like You」は全米ブレイクの突破口となったし、大会場が一体となるビッグなハード・ロック「Can't Live Without You」、泣きメロ全開の「When The Smoke Is Going Down」は１９８０年代のスコーピオンズ像を提示することになった。

次作『LOVE AT FIRST STING』(1984)では後者路線の「Rock You Like A Hurricane」がＭＴＶを巻き込んで大ヒット。そして「Wind Of Change」(1991)がベルリンの壁崩壊・ソ連邦解体という〝変化の風〟に乗って、スコーピオンズは世界最大級のモンスター・バンドへと成長していく。

グローバルなビッグネームになったことで過去のトガった部分(１９７０年代のジャケットなど)について否定的な意見もしている彼らだが、『BLACK OUT』は現在も誇らしげに語られる、自他共に認める名盤だ。

なお本作のジャケットによってメタル・ファンの間にゴットフリート・ヘルンヴァインが認知された(それまで5作連続でジャケットが検閲されるという記録が本作でストップ)。

聖飢魔II

SEIKIMA II

THE END OF THE CENTURY

1986年4月2日発売
ソニー・ミュージックエンタテインメント

01. 聖飢魔Ⅱミサ曲第Ⅱ番「創世紀」
02. The End Of The Century
03. Demon's Night
04. 悪魔の讃美歌
05. Jack The Ripper
06. 蠟人形の館
07. 怪奇植物
08. Fire After Fire

一般層にヘヴィ・メタルを布教することに成功した聖飢魔IIが、人間たちをさらに洗脳すべく発布した第二大教典

魔暦前14年（85年）に地球デビューした聖飢魔Ⅱ。しかし第一大教典（ファースト・アルバムともいう）がヘヴィ・メタル専門雑誌から0点を付けられ、聖飢魔Ⅱを邪道のメタル・バンドとして見る向きも少なくなかった。

だが〝音楽を媒介に悪魔教を広めるために人間界に降臨した悪魔〟というコンセプトや、黒ミサ（ライブのようなもの）における徹底的に作り込まれた衝撃的なライブ・パフォーマンス、そして何よりも演奏技術の確かさと曲の良さで、信者（熱狂的ファン）を一気に増やしていった。聖飢魔Ⅱが地球デビューした当時、日本のメタル・バンドも盛り上がってきていたが、10万枚以上のセールスを叩き出したのは聖飢魔Ⅱが初めて。

早くも一般層にヘヴィ・メタルを布教することに成功した聖飢魔Ⅱが、人間たちをさらに洗脳す

文◎長谷川幸信

べく発布した第二大教典が本作だ。

聖飢魔IIの創始者である地獄の大魔王＝ダミアン浜田殿下は、すでに魔界に帰還していたが、数多くの楽曲を聖飢魔IIに託しており、本作の8曲中6曲がダミアン浜田殿下の作詞作曲（うち1曲の作詞はデーモン閣下と共作）ナンバー。またプロデュースをバンド自身が行なうことで、第一大教典以上に色濃く魔界の調べを詰め込んでいる。

ホラー映画のイントロダクションのごとくデーモン閣下の語りで幕を開け、ツイン・ギターで織りなす恐怖のメロディが広がれば、聴き手はメロウィック・サインを捧げるしかない。**01.**は当時の黒ミサでもオープニングでよく披露され、この曲に誘われるようにデーモン閣下は棺桶から怪しい煙と共に姿を現わすのだ。そしてデーモン閣下の高笑いを合図に**02.**へ突入。その後も各曲のイントロにはデーモン閣下の語りを入れるなど、黒ミサを想起させる。聴覚ばかりでなく、視覚も刺激するというプロデュースは秀逸だ。曲そのものも、ブリティッシュ・ヘヴィ・メタルの重金属ぶりを受け継ぎながら、美しき旋律や哀愁のメロディを融合。歌詞の濃厚な世界観と結びつきながら、魔力を持ったヘヴィ・メタルを具現化。メタルに取《と》り憑《つ》かれた人間であるなら、ひれ伏すのみ。王道とか邪道とか論ずるのは無粋の極みである。

ちなみに2020年12月、かのメタル専門誌の現編集長が、0点事件のことを聖飢魔IIに正式に謝罪した。

SEPULTURA

セパルトゥラ

Roots

1996年2月20日発売
ワーナーミュージック・ジャパン

01. Roots Bloody Roots
02. Attitude
03. Cut-Throat
04. Ratamahatta
05. Breed Apart
06. Straighthate
07. Spit
08. Lookaway
09. Dusted
10. Born Stubborn
11. Jasco
12. Itsári
13. Ambush
14. Endangered Species
15. Dictatorshit
16. Canyon Jam

自らのルーツとアイデンティティを深く掘り下げることで、メタル史の"発明品"として記憶される新たな鉱脈を見つけ出した

90年代の幕開けと共にパンテラの2作品『Cowboys From Hell』(90年)、『Vulgar Display Of Power（邦題：俗悪)』(92年)がメタル・シーンを根底から揺さぶり、当時日本ではモダン・ヘヴィネスと呼ばれていた。すなわちグルーヴ・メタルの波が押し寄せたわけだ。セパルトゥラも例外ではなく、前作5thアルバム『Chaos A.D.』ではテンポを落としたスロー&ヘヴィな曲調でその波に加担し、短パン姿のメタル・キッズを増殖させた。そして、フィア・ファクトリー、デフトーンズ、コーンなど重心をより低くしたバンド群を横目にして、ブラジル出身の彼らは本作6thアルバムで我が道を勇往邁進する。

　前作から導入していた民族音楽の要素を楽曲の根幹に据え、メタルとの結合を試みる大胆なチャレンジを決行。答えなき実験に身を投じることで、

文◎荒金良介

得体の知れないヘヴィ・ミュージックが生まれるかもしれない。この狙いが見事に成功した。自らのルーツとアイデンティティを深く掘り下げることで、メタル史の〝発明品〟として記憶される新たな鉱脈を見つけ出したのだ。

本作はセパルトゥラがセパルトゥラになった瞬間を捉えた一枚と言いたい。母国ブラジルと真正面から向き合い、己の体内に流れる血を強烈に意識したサウンドは、眠れる獅子を完全覚醒させた。大地を這いずり回るドゥーミーな色合いを深めながら、リフの一音一音が重量級の破壊力を持ち、多種多様なリズムやパーカッションの乱打に身も心も奪われる。さらにマックス・カヴァレラ（Vo./Gu.）の原始のシャウト・ヴォーカル、荒れ狂う演奏陣のアンサンブルも凄まじい限りだ。まさにルーツ＝血が沸き上がるプリミティヴな感情こそ魂を打つ。

メンバーと部族が共演したMVも強烈だった**01.**は本作を象徴する名曲と言えるだろう。ブラジル人のカルリーニョス・ブラウンをゲストに迎えた**04.**ではトライバルな異色のラップ・メタルを展開。また、コーンのジョナサン・デイヴィス（Vo.）、フェイス・ノー・モアのマイク・パットン（Vo.）、当時ハウス・オブ・ペイン～現リンプ・ビズキットのDJリーサルとコラボした**08.**も目玉の一つ。加えて、ブラジル先住民のシャヴァンテ族と録音した**12.**はアコギを用いたエキゾチックな曲調で華を添えている。

本作は'90sメタルの代表的一枚で、〝トライバル・メタル〟という新たなサブ・ジャンルを創出した規格外の名盤である。

SKID ROW
スキッド・ロウ

Slave To The Grind

1991年6月11日発売
ワーナーミュージック・ジャパン

01. Monkey Business
02. Slave To The Grind
03. The Threat
04. Quicksand Jesus
05. Psycho Love
06. Get The Fuck Out
07. Livin' On A Chain Gang
08. Creepshow
09. In A Darkened Room
10. Riot Act
11. Mudkicker
12. Wasted Time

全米アルバム・チャート初登場1位という メタル史上初の快挙を達成

ニュージャージーという地名からメタル愛好家たちが真っ先に連想するのはブルース・スプリングスティーンよりもボン・ジョヴィだろう。このスキッド・ロウもまた同地出身で、ジョン・ボン・ジョヴィが少年期に活動を共にしていたデイヴ・セイボ（Gu.）、作曲面での要であるレイチェル・ボラン（Ba.）を軸としながら１９８６年に結成され、他ならぬジョンの全面的バックアップを獲得しながら１９８９年にセルフ・タイトル作でデビュー。若気の至りのテーマソングのごとき“Youth Gone Wild”をはじめとするシングル・ヒットにも恵まれ、いきなり全米アルバム・チャート６位、５００万枚超えという成功をおさめ、スターの仲間入りを果たしている。そして、ロング・セラーとなった同作の勢いが鎮火せぬうちに登場したのがこの第二作だった。

文◎増田勇一

前作に続き、メタル界では定評のあるマイケル・ワグナーをプロデューサーに迎えて制作された本作では、このバンドの音楽の両極がより明確に浮き彫りにされる結果となっている。鉄板曲のひとつとなった表題曲 **02.** のような加速度を伴いながら絶頂へと向かうメタル・チューンと、**06.** や **10.** のようなパンク・ソングの共存はことに象徴的だ。いわばジューダス・プリーストとラモーンズをどちらも自分たちのルーツだと堂々と言い切れるスタンスを持つのが彼らであり、そこがボン・ジョヴィとも典型的ＬＡメタルとも音楽的に一線を画する独自性となっていた。しかも持ち前のストリート感覚にはグランジ／オルタナティヴとの同時代性もあり、まさしく彼らが90年代を牽引するに相応しいバンドであることを確信させる匂いが伴っていた。本作に伴うライヴ展開がガンズ・アンド・ローゼズの前座として始まり、パンテラやサウンドガーデンを従えながらのヘッドライン・ツアーへと続いていった流れも、当時の彼らの立ち位置を物語っている。

実際、本作の登場に際しての世の期待感がいかに高かったかは、全米アルバム・チャート初登場1位というメタル史上初の快挙にも裏付けられている。ちょうどビルボードの集計システム変更により実売数が時差なく反映されやすい形になった直後のことで、彼らは同じ年に発表されたメタリカのブラック・アルバムやガンズの2作品よりも先にそうした快記録を達成することになった。このバンドがこのままの状態で続いていれば、以降のメタル史も違っていたはずである。

SLAYER
スレイヤー

Reign In Blood

1986年10月7日発売
ユニバーサル ミュージック

01. Angel Of Death
02. Piece By Piece
03. Necrophobic
04. Altar Of Sacrifice
05. Jesus Saves
06. Criminally Insane
07. Reborn
08. Epidemic
09. Postmortem
10.. Raining Blood

破格のスピードとアグレッション、
圧倒的なパワーとサウンドの密度で全世界を畏怖させた

スラッシュ・メタルの帝王、スレイヤー。彼等は何故そう呼ばれるに到ったのか？ それは、スラッシュ・メタルが隆盛を極める86年というタイミングで本作サードを発表し、当時としては破格のスピードとアグレッション、圧倒的なパワーとサウンドの密度でも全世界を畏怖させたからだ。レコーディング時のラインナップは、トム・アラヤ（Ba./Vo.）、ジェフ・ハンネマン（Gu.）、ケリー・キング（Gu.）、デイヴ・ロンバルド（Dr.）で、これは81年の結成時と同じ。ここまで彼等はメンバー・チェンジとは無縁のバンドであった。

リック・ルービンのデフ・ジャム・レコーディングスからリリースされた本作は、バンドにとってメジャー・デビュー・アルバムでもある。ただ、「歌詞に倫理的な問題がある」と配給先の米コロムビア、英WEAから発売拒否を食らい、すったも

文◎奥村裕司

んだの末、アメリカではゲフィン、イギリスではロンドンに引き取られることに。当初より反キリストなど禁忌なテーマを採り上げていた彼等は、エクストリームなサウンドと同等に、歌詞の過激さでも注目を浴びることが多かった。本作では、冒頭**01.**から残忍な人体実験で知られるナチス・ドイツの医師メンゲレが採り上げられており、一時「スレイヤーは親ナチス」との疑惑を持たれたこともある。また本作は、ジャケット・アートの陰惨さでも論議を呼んだという。

ただ、本作を至高たらしめているのは、アルバムとしてのトータルな完成度に他ならない。音楽と歌詞、演奏が一体となり、ジャケットも楽曲の並べ方も完璧で、全てが奇跡的バランスで緩急自在に唸りを上げ駆け抜けていく。勿論、一曲一曲の出来栄えも抜群で、所謂《いわゆる》〝捨て曲〟や〝穴埋め曲〟とはまるで無縁。速い曲はひたすら速く、かと思うと急転直下のリズム・チェンジがあり、ザクザク刻まれるリフまたリフの波状攻撃、耳をつんざくリード・ソロ、呪詛ヴォーカルと狂気の叫び、畳みかけるようなドラミング――それらが間断なく次々と襲いかかり、文字通り怒濤の攻めを繰り返したのち、血の雨が降り注ぎ、全10曲29分足らずで絶頂を迎えコト切れる。正にこれぞ究極のスラッシュ・メタル・アルバムと呼ぶに相応しい。本作が完璧過ぎるが故に、次作でスレイヤーはもはやスロー・ダウンするしかなかった……。

SLEEP

スリープ

Sleep's Holy Mountain

1992年11月1日発売
Earache Records

01. Dragonaut
02. The Druid
03. Evil Gypsy / Solomon's Theme
04. Some Grass
05. Aquarian
06. Holy Mountain
07. Inside The Sun
08. From Beyond
09. Nain's Baptism

引きずるような
パンク度の高いサウンド

いくらメンバーが〝その言葉〟に反発しようが、クサ吸っている裏ジャケットだけでなくサウンド自体がストーナー・ロックの象徴であることに疑いの余地のない、米国のトリオのセカンド。リリース当時話題になっていた記憶はあまりなくカルトな支持だったと思うが、(一時)解散後にメンバーがオムとハイ・オン・ファイアに分裂し、ストーナー・ロックという言葉が浸透してからじわじわ注目を集めていったアルバムである。

メタルを突き抜けて前人未到の桃源郷に達した次作『Jerusalem』(1998年)が僕に言わせれば最高傑作だが、メタル度はこちらが高い。ヘヴィでありながら程良くゆるいサウンドで、テクスチャーが意外とシンプルだから70年代のブラック・サバスをパンク化したようでもある。とはいえメタル・イメージの強いドゥームというより砕けた

文◎行川和彦

ニュアンスのストーナーという言葉が似合うのは、引きずるようなパンク度の高いサウンドだからだ。もともとスリープはサンフランシスコ近郊のベイ・エリアのパンク・シーン出身。前作『Volume One』（1991年）に引き続きレコーディングで制作を担当したビリー・アンダーソンもその界隈の出身で、まだプロデュース数作目にもかかわらず、このアルバムでストーナー・ロック仕事人としてのポジションを確立したという点も含めて名盤である。

　チリ生まれのアレハンドロ・ホドロフスキー監督の映画『ホーリー・マウンテン』に触発されたという話もある。まさに秘境の山をじっくりと登っていく様相のアルバムだが、ゆっくりテンポのパートが大半にもかかわらずドライヴ感も十分の山あり谷ありの流れで、さりげなく青空が広がる乾いたロードムービーみたいな空気感に包まれている。10分半に及ぶ曲から1分に満たない曲まで多彩だ。**03.** が荘厳な調子で始まったかと思えば、カントリー・ミュージックっぽい **04.** はマリファナのクサとブルーグラスを“grass”でつなげたインストの小曲である。

　多少ギター・ソロなどを重ねるもすき間の多いシンプルなレコーディングの作りで、ゆっくり酩酊。じわじわ、じわじわ、効いてくる。涅《ね》槃《はん》に達する前の苦渋も感じられるヴォーカルのパートも多いが、演奏の比重が大きくてメンバー3人のケミストリーが格別。ひたすらクールだ。

SLIPKNOT
スリップノット

Iowa

2001年8月28日発売
ワーナーミュージック・ジャパン

01. (515)
02. People = Shit
03. Disasterpiece
04. My Plague
05. Everything Ends
06. The Heretic Anthem
07. Gently
08. Left Behind
09. The Shape
10. I Am Hated
11. Skin Ticket
12. New Abortion
13. Metabolic
14. Iowa

仮面の奥から噴出する憎悪をダイレクトにぶつける楽曲が時に歌いやすいというトリッキーさは、その見た目云々より、珍しい事態だった

もはや言わずと知れた存在だが、彼らがデビューした頃、仮面を被った9人組という特徴とは別に、シーンを支えるようなバンドになるだろうとまで予測した人は少ない。企画モノとは言わなくとも、コーンやセパルトゥラを手がけてきたロス・ロビンソンが立ち上げたレーベルからデビューした特異な連中、くらいの立ち位置ではあった。

その見た目が残すコミカルさを、音楽そのものが掻き消していく。バンド名を掲げたデビュー作は、空間を怖がるように敷き詰められた音が印象的で、サンプリング、そしてパーカッションによって、呼吸する隙さえ与えない。デビュー作にやや一本槍な印象が残っていたとすれば、この2作目で一気に覚醒した。

人間はクソだと叫ぶ **02.**、「555」「666」の

文◎武田砂鉄

連呼が印象的な**06.**、彼らにしてはミドルテンポの**08.**など、歌メロが際立っており、いつの間にか、「歌える轟音」にもなった。こういった楽曲を積み重ねていくことと、ライブでの盛り上がりが二乗され、一気にメジャーフィールドにせり上がっていく。仮面の奥から噴出する憎悪をダイレクトにぶつける楽曲が時に歌いやすいというトリッキーさは、その見た目云々より、珍しい事態だった。

時折見せるポップさにすがるはずもなく、どこまでもラディカルに、ヘヴィに突っ走るスタイルは、21世紀のヘヴィロックシーンの血行促進を担っている。メンバーチェンジを経ても、バンドが始動した頃の未整理な状態を巧妙に保ち、尖った音楽を作り続けていく。自分たちでフェスティバル「ノットフェス」を開催し、次なるバンドを引っ張り上げようとするスタイルは、１９９０年代にオジー・オズボーンが「オズフェスト」でやろうとした態度を思い起こさせる。

ヴォーカルのコリィ・テイラーは別バンドのストーン・サワーやソロミュージシャンとしても活動しているが、正直、時にニッケルバックを目指すかのようなヌルい姿勢には勝手ながら違和感も募る。スリップノットの圧を保っていてほしいというのは聴き手のエゴなのかもしれないが、隠されたものの奥から噴き出すあの暴虐性のインパクトを望み続けたい。今、この段階まで持続していることを喜びながらも、スリップノットとしての次なる手は、常に厳しく問われている。その問いを、飛び越えてくるのが彼らなのだ。

SOUNDGARDEN

サウンドガーデン

Badmotorfinger

1991年10月8日発売
ユニバーサル ミュージック

01. Rusty Cage
02. Outshined
03. Slaves & Bulldozers
04. Jesus Christ Pose
05. Face Pollution
06. Somewhere
07. Searching With My Good Eye Closed
08. Room A Thousand Years Wide
09. Mind Riot
10. Drawing Flies
11. Holy Water
12. New Damage

グランジ全体をワンランク上のレベルへ押し上げたアルバム

稀代のロック・シンガーとして圧倒的な存在感を放つクリス・コーネルを中心に、シアトルで1984年に結成されたサウンドガーデン。1986年には、C／Zレコーズの『Deep Six』というコンピ盤にメルヴィンズらとともに参加。マッドハニーよりもニルヴァーナよりも早く始動した、グランジの開祖と呼ぶべきバンドである。本作は、サブ・ポップからのEP2枚を経て、SSTから出たファースト・アルバム『Ultramega OK』、A&Mとの契約を得て発表したメジャー・デビュー・アルバム『Louder Than Love』に続く通算3作目。ブラック・サバス直系のヘヴィにうねるサウンドを鳴らしてきた彼らだが、オリジナル・ベーシストのヒロ・ヤマモトが脱退し、代わってパンク的な資質を持つベン・シェパードが加入して初のアルバムとなる。

文◎鈴木喜之

プロデューサーは前作に引き続き、パンテラがグルーヴ・メタルを確立するのに貢献したテリー・デイトを再起用する一方、ミキシングは大ベテランのロン・セント・ジャーメインが担当して、よりダイナミックにメリハリの効いたプロダクションが施された。レコーディング・スタジオもシアトル／北西部から出て、ロサンゼルスなどで行なわれている。これを機に、もともと備えていた変則的なリズムやリフはいっそうフックが効くようになり、同時にクリスの神がかったヴォーカルとダークで知的な歌詞もさらに鋭くリスナーの耳をとらえるようになった。

いきなり複雑な構造を提示しながら、決して小難しいものにはならず、勢いとキャッチーさを炸裂させる**01.**、これまで以上にプリミティヴなパワーでグイグイ迫る一方「カリフォルニアを見ているのに、ミネソタみたいに感じている」という印象的な歌詞を持った**02.**などの代表曲を収録。後者のフレーズは『フィーリング・ミネソタ』という映画のタイトルにもなる。この『Badmotorfinger』リリース後、バンドはガンズ・アンド・ローゼズのツアーに帯同したり、折からのグランジ・ブームもあってセールス面でも大きく成功。ここでサウンドガーデンが示した跳躍は、グランジ全体をワンランク上のレベルへ押し上げたと言っても過言ではないだろう。

２０１７年にクリスが急逝してしまったことが、本当に無念でならない。残された3人のメンバーは悲しみを乗り越えて、最後の作品となるアルバムの制作を進めているようなので、もう1度だけ、サウンドガーデンの新曲を耳にする日が来ることを心から祈っている。

SUNN O)))

サン O)))

Black One

2005年10月17日発売
Southern Lord Recordings

01. Sin Nanna
02. It Took The Night To Believe
03. Cursed Realms (Of The Winterdemons)
04. Orthodox Caveman
05. CandleGoat
06. Cry For The Weeper
07. Báthory Erzsébet

重低音ドゥーム・ドローンとも呼ぶべき“サン”のスタイルの完成形

実験音楽のイメージが強いドローンを塗り替えた、米国の男性二人が中心のプロジェクトである“サン”の代表作の一つ。本作のリリース元のサザン・ロード・レコーディングス主宰者のグレッグ・アンダーソン（元THORR'S HAMMER～GOATSNAKE他）と、デザイナーとしても知られるスティーヴン・オマリー（元BURNING WITCH～KHANATE他）の90年代以降の音楽キャリアの中から、エクストリームな肝を抽出純粋培養凝縮したようなサウンドだ。様々な形で音源発表をしているだけに数えにくいが、オリジナル・アルバムとしては5作目と言えそうな計67分強の7曲入りである。

ファースト・アルバム『00 Void』（2000年）が英国等ではリー・ドリアンのライズ・アバヴ・レコーズから発売されたことも相まって、ドゥー

文◎行川和彦

ムのイメージが強いのは僕だけではないだろう。ブラック・サバスのファーストのタイトル曲である「Black Sabbath」のスロー・リフを応用増幅させたような、重低音ドゥーム・ドローンとも呼ぶべき〝サン〟のスタイルの完成形だ。彼らにしてはフックが多くて比較的ポピュラリティが高く、真にジャンルを超えて〝サン〟の存在を決定づけたアルバムである。

他の作品以上に暗黒テイストが濃く、アート・ワークでも表したようにブラック・メタルの波動が強く、リヴァイアサンとザスターのメンバーが数曲でじっくりスクリーム・ヴォイスを挿入。**03.** でイモータルの曲を〝激遅リメイク〟し、**05.** で初期メイヘムのヴォーカルだったデッドの歌詞を引用したところも特筆したい。毎度のことながら曲によって様々なアーティストが参加し、オマリーとは後に灰野敬二との「なぞらない」でも活動するオーレン・アンバーチのマルチな演奏がデリケイトに要所を引き締めている。いわゆる歌や打楽器はほぼ無しのウルトラ・スローな反復ミニマル音楽にもかかわらず、音圧も音量も破格で意外とリフなどのリズムの輪郭がはっきりしているからメリハリがあり、そういう点も実はメタルとリンク。もちろん持続音の垂れ流しではなく、アルバムとしてビシッ!とプロデュースされている。

ルー・リードの『Metal Machine Music』やPiLの『Metal Box』と同じく、まぎれもなく〝純正〟メタル。クールだ。

SYSTEM OF A DOWN

システム・オブ・ア・ダウン

Toxicity

2001年9月4日発売
ソニー・ミュージックエンタテインメント

01. Prison Song
02. Needles
03. Deer Dance
04. Jet Pilot
05. X
06. Chop Suey!
07. Bounce
08. Forest
09. ATWA
10. Science
11. Shimmy
12. Toxicity
13. Psycho
14. Aerials

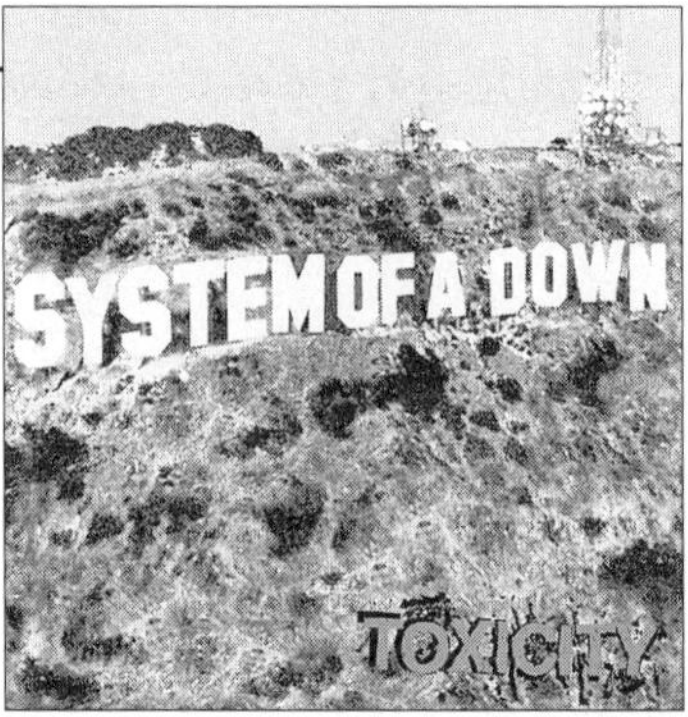

従来のヘヴィネスに磨き抜き、ドタバタの曲展開に拍車をかけた緊迫感漲るサウンドを提示

今や全世界でニュー・アルバムが待たれているヘヴィ・ロック・バンドと言えば、もはやシステム・オブ・ア・ダウンを残すのみではないか。首を長くしすぎて諦めていた矢先、20年11月になんと15年ぶりに新曲2曲を突如リリース。音楽も活動も不意打ちが好きなようだ。

スレイヤーなどを手がけたプロデューサーのリック・ルービンに見出され、鳴り物入りでデビューしたアルメニア系の血を引く4人組。

バンド名を冠した1stアルバムに触れた際、これまで聴いたことがない奇怪変態サウンドに一発でKOされ、99年の伝説の初来日公演では不気味なメイクを施したメンバーのルックスに面食らい、一心不乱に暴れ狂った記憶がある。

特にサージ・タンキアン（Vo.）は、デッド・ケネディーズのジェロ・ビアフラ（Vo.）やファイス・

文◎荒金良介

ノー・モアのマイク・パットン（Vo.）らと肩を並べる超個性派フロントマン。「ヨォーッ！ブォーッ！アーッ！」と人間ビックリ箱みたいな素っ頓狂な声色を放ち、その一方でオペラちっくな歌唱力も発揮。また、ポリティカルなメッセージ性を掲げた歌詞を時にシリアスに、時にコミカルに聴かせる手法は、革命家と道化師の二つの人格が同居しているよう。

曲調も一寸先が読めないジェットコースター並みの緩急や起伏で、こちらの意識を振り回し続ける。

そして、本作2ndアルバムは従来のヘヴィネスを磨き抜き、ドタバタの曲展開に拍車をかけた緊迫感漲るサウンドを提示。ダロン・マラキアン（Gt.）の頭蓋骨を揺さぶる突撃リフも手伝い、ヘヴィ＆キャッチーだった前作を上回るゴリゴリの攻撃力を爆発させている。それで全米ビルボード初登場1位を獲得するのだから、恐れ入る。本作の邦題『毒性』は言い得て妙。

静と激のコントラスト鮮やかな**02.**も強烈だが、アコギやピアノを導入した**06.**は哀切なメロディと苛烈なヘヴィさでストーリー性豊かに聴かせるナンバー。**10.**以降はメンバー自身の民族の血をうかがわせる異国情緒漂うスケール感を帯びた曲調が並ぶ。単なるお騒がせ野郎の一言では片付けられない、音楽的な懐の深さにバンドの成長が刻まれている。

本作を発表した01年にフジロックにて二度目の来日を果たし、メイクを落とした素顔でステージに立ったが、そこでも強烈なパフォーマンスを披露。それを最後に日本には足を踏み入れていない。三度目の来日はいつ来るのか。

THE MAD CAPSULE MARKETS

ザ・マッド・カプセル・マーケッツ

Digidogheadlock

1997年9月26日発売
SPEEDSTAR RECORDS

01. CRASH POW
02. SYSTEMATIC.
03. WHAT!
04. WATER
05. HAVE NO FEAR
06. SICKLY BUG
07. JMP
08. 3.31
09. ASPHALT-BEACH
10. LOSE IT
11. FREAK IS BORN
12. Do JUSTICE TO YOURSELF
Do JUSTICE TO MY LIFE
13. CREATURE

一度聴いたら病みつきになるその中毒性で10万枚のセールスを記録した8thアルバム

まだ洋楽と邦楽の間の壁が厚かった90年代。海外のバンドに寄せたアプローチや洋楽のコピーではなく、オリジナルのスタイルで以て国境を越えたバンドが、ザ・マッド・カプセル・マーケッツだ。ハードコア、パンクをスタート地点として始まった彼らは、国内のミクスチャーロックやストリートカルチャーと交わりつつ、同時にミニストリーやナインインチネイルズなどのインダストリアルメタルの勃興と共鳴するように、エレクトロニックな要素を取り入れ始める。常に進化し続ける中で、ひとつの完成形に辿り着いたのが8thアルバムである今作だ。

　MOTOKATSU（Dr.）のタイトなツービートで疾走するパンクナンバー**01.**で幕を開けたあと、鋭いドラムンベースが響き渡る**02.**は、従来のスピード感や攻撃性とデジタルの硬質な音が完

文◎後藤寛子

全に融合した、のちのマッドの方向性を決定づける1曲。シーケンスのループに、ＴＡＫＥＳＨＩ(Ba.)の作る凶悪な歪みを帯びたベースとギターがユニゾンで刻むリフが乗り、さらにＫＹＯＮＯの荒ぶるボーカルが襲いかかる高揚感がたまらない。新しいテクノロジーに挑戦したというより、もともと自分たちに流れるパンクの血をベースに、さらなる加熱装置としてデジタルを使いこなしたのがマッドのオリジナリティといえる。シンプルであるがゆえに音自体の暴虐性が伝わるリフ、印象的な単語を繰り返す記号的な歌詞。そんな中で、**09.** のようにキャッチーなメロディラインがきらりと光る。一度聴いたら病みつきになるその中毒性で、今作は10万枚のセールスを記録。一躍その名を知らしめた。

さらに、リリース翌年の１９９８年に今作がアメリカとヨーロッパでインディーズリリースされたことをきっかけに、バンド念願だった海外での活動が本格化。アメリカツアーも開催され、次のアルバム『OSC-DIS』で全米デビューを飾る。いわゆるレーベル主導のパッケージ的な海外進出ではなく、この音とライブのクオリティが評価され、オズフェストＵＫやダウンロード・フェスティバルのメインステージ出演というエポックメイキングな出来事へと繋がっていったのだ。音楽性のみならず、現在、日本のラウドロックバンドが海外公演を当たり前に行っているという部分においても、彼らの功績は大きい。

TOOL

トゥール

Lateralus

2001年5月15日発売
Volcano Entertainment

01. The Grudge
02. Eon Blue Apocalypse
03. The Patient
04. Mantra
05. Schism
06. Parabol
07. Parabola
08. Ticks & Leeches
09. Lateralus
10. Disposition
11. Reflection
12. Triad
13. Faaip De Oiad

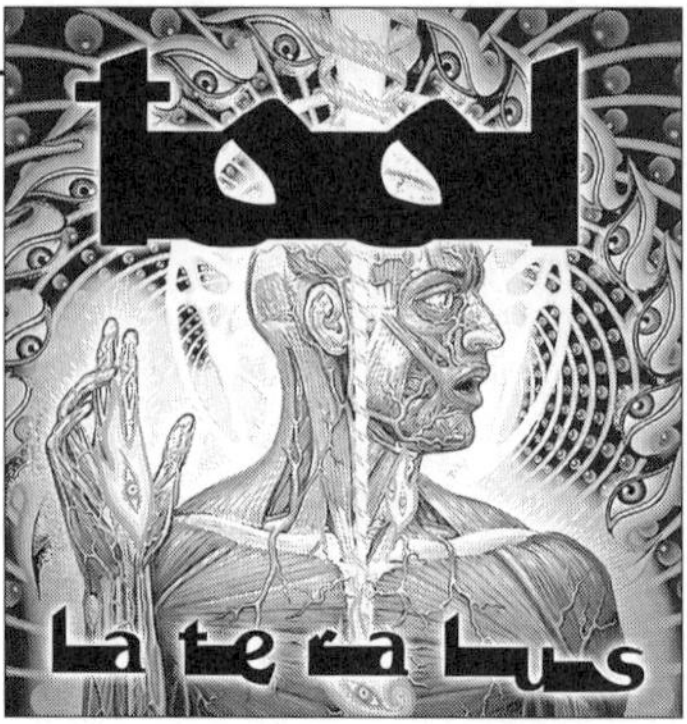

トゥールの音楽は、こうきたらこう、というお約束が一切存在しない。だが、その断片に存在するメロディラインは極めて美しい

このバンドの音楽をテキスト化することは難しいし、何より、当人たちが語られることを頑なに拒んでいる。たとえばこの作品も、ブックレットには、歌詞どころか、メンバーの写真も掲載されていない。作品・楽曲が何を意味しているのかなんて、当然語らない。「受け取ってくれるほうの自由ですよ」というわけでもなく、意味を発する→意味を理解してもらう、という当たり前のコミュニケーションから脱却したいのだろう。

グランジ／オルタナが持つ陰性とは同化せずに、複雑に入り組んだ変拍子が心底に深く入り込んでくる。日本のメタル好きは、メロディアスなものを好む傾向にある。トゥールの音楽は、こうきたらこう、というお約束が一切存在しないので、咀《そ》嚼《しゃく》しにくい。だが、その断片に存在するメロディラインは極めて美しい。お約束を守らないがため

文◎武田砂鉄

に、この日本ではあまり受け入れられていないということなのか。だとしたら、正直、情けない話だ。彼らの思索に私たちの耳が追いついていないのか。トゥールはひたすらこちらを試し続けてくる。

　メンバーの多くがキング・クリムゾンからの影響を語ってきたが、動静・強弱・緩急を司る音楽を作り、更新し続けている存在として、クリムゾンとトゥールは同じ流れの中にある。腹の中の胎動から、死して朽ちるまでを音にするような、俯瞰する視線がある。1993年に『Undertow』でアルバムデビューして以降、発表されたアルバムはわずか5枚。短い周期で流行りの傾向が変化していくシーンにあって、彼らのブレようがない音楽は、あたかも離れ小島で培養するかのように、部外者の雑念を受け付けない。

　あらゆる感情には、口先だけのものと、腹の中から出たものがあるが、ヘヴィという音像にも、いくらでも軽薄なものが存在する。世の中が持つヘヴィな音楽への印象は、実のところ、この軽薄な部分（うるさい、やかましい等々）であって、それを塗り替える必要がある。トゥールの役務はそこにあると思うのだが、そもそも彼ら自身はそうやってシーンの何かを担おうとはしない。

　メイナード・キーナンの妖しく響く声色、それを突如遮断しにかかる図太いサウンド、構築されたものが何なのかさえ理解を拒ませる芸術だ。そもそも音楽とは元来、説明によって語れるものとは限らない。トゥールの音楽って、まさに本書のような存在を否定しているのかもしれない。

TRIVIUM

トリヴィアム

What The Dead Men Say

2020年4月24日発売
ワーナーミュージック・ジャパン

01. IX
02. What The Dead Men Say
03. Catastrophist
04. Amongst The Shadows & The Stones
05. Bleed Into Me
06. The Defiant
07. Sickness Unto You
08. Scattering The Ashes
09. Bending The Arc To Fear
10. The Ones We Leave Behind

正統派メタルからモダンなテイストまで模索してきた中で磨き上げた作曲スキルがいかんなく発揮されたアルバム

若くして名門ロードランナー・レコードからデビューし、新世代メタルの旗手として注目を集めたトリヴィアム。初期メタリカを彷彿とさせる骨太なサウンドをベースに、日系アメリカ人のマシュー・キイチ・ヒーフィー（Vo.）のルーツが滲むアルバム『将軍』など、多彩な作品を生み出し続けてきた。安定したクオリティを誇るがゆえに、逆にピークらしいピーク期を迎えることなく歩んできた彼らだが、結成から約20年経た近年にこそ、その歩みが結実しつつある。２０１７年にリリースした8thアルバム『The Sin And The Sentence』収録の「Betrayer」がグラミー賞・最優秀メタル・パフォーマンスに初ノミネート。そして、引き続きジョシュ・ウィルバーをプロデューサーに迎えた今作は、まさにトリヴィアムの強みを凝縮した濃厚な一枚となった。

文◎後藤寛子

ドラマチックなインスト**01.**から、彼ららしい力強いリフとメロディが疾走するタイトル曲**02.**は、後半にかけての壮大なアレンジが耳を惹く。続く**03.**も6分強のボリュームで展開するなど、1曲にさまざまな要素を盛り込み、一筋縄ではいかない楽曲が並ぶ。長らくドラマーが確定しなかったのだが、前作からアレックス・ベントが続いていることで、派手なドラミングが定着し、楽曲に華を添えている。マシューのヴォーカルが前面に出た**08.**を挟みながら、軽快なスピードチューンの**10.**で締め括るまで、一切飽きさせない流れが見事だ。これまで、コリン・リチャードソンやデイヴィッド・ドレイマンなどの個性派プロデューサーと組み、正統派メタルからモダンなテイストまで模索してきた中で磨き上げた作曲スキルがいかんなく発揮されたと言える。マシュー自身も「トリヴィアムらしいアルバム」とコメントし、手応えを感じている様子だ。新世代メタルと大きな期待を背負ったデビューから、長い年月をかけて名実ともに「らしさ」を自覚した彼らが、今作を起点として進むこの先の未来が楽しみになる。

　とはいえ、2020年4月という、世界がコロナ禍に突入したタイミングでリリースされた今作。メガデス、ラム・オブ・ゴッドらと回る予定だったThe Metal Tour Of The Yearや、4年ぶりの来日予定だったKNOTFEST JAPAN 2020も延期になるなど、この傑作をライブで体感する機会がないのが残念で仕方ない。

UNITED
ユナイテッド

N.O.I.Q.

1995年2月8日発売
ビクターエンタテインメント

01. Revenger
02. Bad Habit
03. Run Through The Night
04. Kill Yourself For Business
05. Hit Me (One More Card)
06. Words In Disguise
07. Outta My Way
08. Obsession

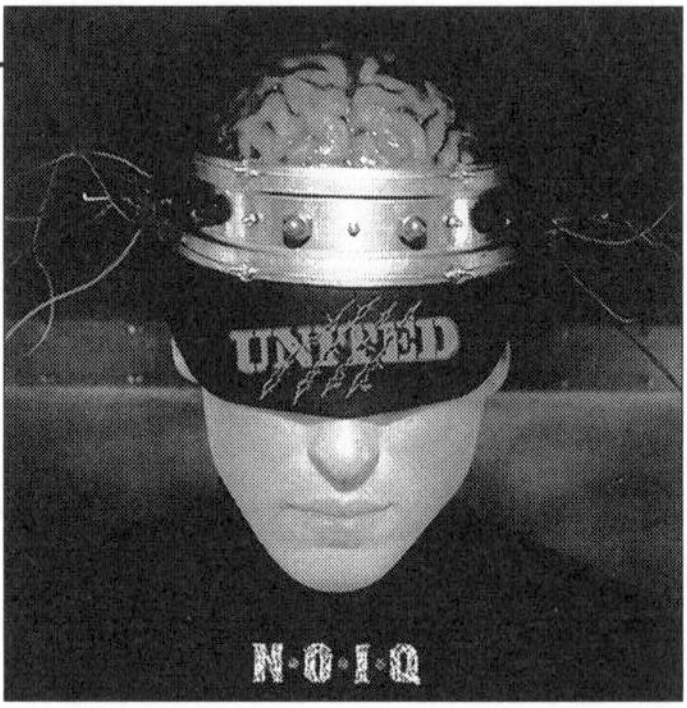

海外へのチャンスを掴んだメンバーが、気合いと全精力を注ぎ込んだことが充分に伝わる仕上がり

日本にも凄いバンドがいたのか、とスラッシュ・メタル・バンドにも注目が集まり始めた80年代半ば過ぎ。すでにそのシーンではカスバ、ドゥーム、ジュラシック・ジェイド、アウトレイジ、そしてこのユナイテッドが最重要バンドとしてマークされていた。その中でもユナイテッドは、メンバー・チェンジで活動が安定しない時期があったものの、ベイエリアばりのスラッシーな音を轟かせることで、血気盛んなモッシュ野郎たちから絶大な人気を獲得。

90年からはメタル専門のインディーズ・レーベルから音源を発表したり、海外のメタル・バンドと共演したりと、日本のバンドながら洋楽のメタルを好むファン層からも熱い支持を集めた。その後、スレイヤーなどを手がけるリック・セールスとワールドワイドマネージメント契約を結んだこ

文◎長谷川幸信

とによって、日本ではビクターエンタテインメントの洋楽部門から音源が発売されることに。その第一弾が本作で、バンドとしては通算3作目にあたるフル・アルバム。

いわゆるメジャーデビューということで、それまでのホームメイドな環境とは違い、外部のミックス・エンジニアなど様々な人間が制作に関わった。その結果、歌詞を変えられたり、曲にも手を入れられそうになったり、ギターの定位が逆になっている部分もあったりと、メンバーの思惑とは異なる仕上がりになりかけた。そこで当初、収録を予定していた2曲をメンバー自身がお蔵入りさせてもいる。

そうした裏事情は後に明かされたわけだが、作品自体は海外へのチャンスを摑んだメンバーが、気合いと全精力を注ぎ込んだことが充分に伝わる仕上がり。スラッシーなリフを核にしながら、縦ノリと小気味いいグルーヴを使い分け、トリッキーなアンサンブルもちりばめる。スタジオ・レコーディング作品ながら、ライブを思わせるバンド感の高さは、さすが彼ら。各楽器の粒立ちを活かした音には、各メンバーの熱い思いもほとばしっている。またレコーディングではヴォーカル録りにとくに時間が掛けられ、英詞の細かい発音やリズムにこだわったという。キャッチーな歌いまわしも得意な古井だが、本作ではハードコアな方向で攻める場面も多い。初期作品の中ではもっともソリッドで切れ味鋭い作品と言えるだろう。

VENOM
ヴェノム

Black Metal

1982年11月1日発売
Castle Music

01. Black Metal
02. To Hell And Back
03. Buried Alive
04. Raise The Dead
05. Teacher's Pet
06. Leave Me In Hell
07. Sacrifice
08. Heaven's On Fire
09. Countess Bathory
10. Don't Burn The Witch
11. At War With Satan (Preview)

ヘヴィ・メタルの肝の邪悪性と馬鹿馬鹿しさも匂い立つセカンド

すべてのエクストリーム・メタルをリードし、ヘヴィ・メタルの肝の邪悪性と馬鹿馬鹿しさも匂い立つセカンド。同時代にデビューした母国イギリスのノイズ・ユニットのホワイトハウスみたいなオープニングで殺されるが、いい意味でパンクだった〝雑音メタル〟のファースト『Welcome To Hell』（1981年）よりもレコーディング・プロダクションが向上し、アルバム全体のノイズ度は〝比較的〟低くてメタルに特化した仕上がりである。

意外とヴァラエティに富んだ作風が楽しめる。**01.**はギターの刻みもビート感もまさにスラッシュ・メタルの元祖ナンバーであり、凶暴なヴォーカルをはじめとしてタイトルどおりにブラック・メタルの扉を開いた曲である。ミディアム・テンポの**02.**はパワー・メタル風で、ユーモラスなア

文◎行川和彦

カペラで始まる**03.**は後のブラック・メタルのスロー・チューンに直結。ラスト・ナンバーの後半はドラマチックな次作『At War With Satan』（1984年）の予告編という感じで、色々と凝っているのだ。

　ファーストに引き続きモーターヘッドの流れをくむドライヴ感の曲も多いが、その一つとはいえ異色の**05.**が入っていることでこのアルバムは人間味が増している。荒々しく疾走していたのに中間部でいきなりスロー・ブルースに突入して哀愁を漂わせながら景気のいいコーラスも加勢し、憧れの女教師から性の手ほどきを受ける男子生徒の歌詞も相まってマッチョな男たちのM男ぶりが憎めない。やはりメタルに女の歌は欠かせないのだ。

　とはいえ、ほぼすべての曲がタイトルからしてサタニック・メタルのイメージで塗りたくられている。アルバム・カヴァーもファーストからの流れでありながらサタニック指数200%で極めているが、裏ジャケットに〝ヴェノム　ブラック　メタル〟というカタカナが手書き書体で印刷されているアートワークもオチャメだった。

　ともあれ頭デッカチや見掛け倒しで終わることのないサウンドそのものが、エクストリーム・メタル以前にヘヴィ・メタルの真髄。説得力がある。野蛮なヴォーカルにも気合が入っている。万人ウケなんてメタルじゃないし、公序良俗をファックするのがメタル以前にロックであり、世間の鼻つまみ者であることに変わり無しの激臭アルバムだ。

VOIVOD

ヴォイヴォド

Killing Technology

1987年4月3日発売
Noise Records

01. Killing Technology
02. Overreaction
03. Tornado
04. Too Scared To Scream
05. Forgotten In Space
06. Ravenous Medicine
07. Order Of The Blackguards
08. This Is Not An Exercise
09. Cockroaches

ピギーの紡ぎ出す ギターリフの異様さは半端ではない

カナダのスラッシュ・メタル・バンド、ヴォイヴォドのサード。初期はヴェノム、モーターヘッド、ディスチャージなどから影響を受けた爆走ロックンロール・スタイルを信条としつつ、ディミニッシュを多用するなど、明らかに他のスラッシュ・バンドとは異なるアプローチをとっていたヴォイヴォド。ギタリストの故ピギーは、ロバート・フリップやアレックス・ライフソンの大ファンで、またキース・エマーソンのオルガンをギターで再現したり、カンやファウストといったクレイジーなジャーマン・ロックを、さらに逆回転にして聴いたりしていたのだそう。

　そんなピギーのプログレッシヴな面が全開となったのが、この『Killing Technology』。『マッドマックス』のような映画、あるいはそのサウンドトラック、バルトークやショスタコーヴィチのよう

文◎川嶋未来（SIGH）

な近現代のクラシックからも影響を受けたというこの作品だが、前作からの進化は相当なもの。83年頃からメンバー全員で共同生活をし、毎晩欠かさずリハーサルを重ねていたことで、演奏能力も大幅に向上。この頃アウェイは、バウハウスやキリング・ジョークと出会い、独特のドラミングにさらにトライバルな持ち味も加えている。それにしても、ピギーの紡ぎ出すギターリフの異様さは半端ではない。低音弦から高音弦までを満遍なく駆使、減5度を多用するなど、根本的に他のスラッシュ・メタル・バンドとは、リフの作り方が異なっている。ヴォイヴォドの現ギタリスト、チューウィーが聞き取った本作のオフィシャル・タブ譜が入手可能なので、ギターを弾く人は、ぜひ手にとってみてほしい。

ところで、本作を語る上で触れない訳にはいかないアルバムがある。アメリカのハードコア・パンク・バンド、ディー・クロイツェンのセカンド・アルバム『October File』だ。ぜひ一度、これを聴いてみてほしい。ヴォーカル・ワークからギターリフに至るまで、『Killing Technology』のそれに酷似していることに驚くはずだ。しかも、『October File』の方が1年早く出ているのだ。実際ピギーはこのアルバムから影響を受けたことを認めている。だが、話はそう単純ではない。実はディー・クロイツェンのギタリスト、ブライアン・エジネスは、ヴォイヴォドのファンであり、『October File』はその影響下で作られたアルバムだというのだ！　両者の切磋琢磨が、『Killing Technology』というモンスター・アルバムを生んだのだ。

X《エックス》

BLUE BLOOD

1989年4月21日発売
ソニー・ミュージックエンタテインメント

01. PROLOGUE (〜WORLD ANTHEM)
02. BLUE BLOOD
03. WEEK END
04. EASY FIGHT RAMBLING
05. X
06. ENDLESS RAIN
07. 紅
08. XCLAMATION
09. オルガスム
10. CELEBRATION
11. ROSE OF PAIN
12. UNFINISHED

ごく限られた期間のうちに若き日の彼らが
これほどのものを形にしていた事実は驚異的ですらある

2021年1月現在、YOSHIKIをめぐる情報は届いていても、X JAPANの明日が見えない状況が続いている。すでに何年も前から『X JAPAN』というアルバムがほぼ完成状態にあることが認められているが、同作がなかなか世に出ずにいるのは、彼自身の長年の野望である世界制覇を実現させるために必要な状況作りに時間を要しているからなのだろう。そもそもXがX JAPANへと改名を迫られたのは、彼らよりも前からXを名乗っていたバンドがロサンゼルスに存在していたからだ。が、同バンドの存在の有無を問わず、彼らが日本の外に目を向けることがなければ、無限の可能性を意味する愛着深いこの名前を改める必要もなかったはずだ。

　実際、80年代の彼らが制覇しようとしていたのは日本のごく狭いシーンに過ぎなかった。ただ、

文◎増田勇一

当時の彼らなりの思惑というのも当然あり、すでにメジャー・アクトを凌駕するに足る実績を持っていながら初アルバムの『Vanishing Vision』（1988年）を敢えてインディーズ作品として発表したのは、当時の地下世界における記録を塗り替えたうえでの地表への進出というドラマ性を重んじたからでもあった。そして同作の登場からちょうど1年後に世に出たこのメジャー・デビュー作は、〝紅〟や〝ENDLESS RAIN〟といったヒット・シングルとの相乗効果も得ながら、当時だけでも約80万枚というセールスを記録。のちに邦楽ロックの世界にはミリオン・セラーが驚きに値しない時代も訪れたが、この数字は当時としては異例のものだった。

　前述の2曲に加え、**02. 03. 05. 09. 11.** といった初期の彼らを象徴する楽曲が目白押しで、アイアン・メイデン的な要素が感じられる**04.**や、グラム・ロック的な**10.**、また、フランク・マリノ&マホガニー・ラッシュの名曲をモチーフにした**01.**を導入に据えている点なども興味深い。ただ、そうしたあまりにも多様な作風ゆえに、各曲にとっての理想的音像を追求しきれていないという一面もある。実際、メンバーたち自身も当時はそうした点での歯痒さを認めていたものだが、要するに長年抱えてきた願望をすべて形にしようとするあまり、結果的に詰め切れていない部分があるのだ。とはいえ、ごく限られた期間のうちに若き日の彼らがこれほどのものを形にしていた事実は驚異的ですらある。本作を完璧なものとして完成させることにこだわり過ぎたならば、Xが80年代のうちにメジャー・デビューすることは叶わなかっただろう。

YNGWIE J. MALMSTEEN

イングヴェイ・マルムスティーン

Trilogy

1986年11月4日発売
ユニバーサル ミュージック

01. You Don't Remember, I'll Never Forget
02. Liar
03. Queen In Love
04. Crying
05. Fury
06. Fire
07. Magic Mirror
08. Dark Ages
09. Trilogy Suite Op:5

楽曲のバランス感・完成度の高さにおける、イングヴェイの代表作にして傑作

イングヴェイ・マルムスティーンほど一貫して自分の理念に忠実なメタル・ミュージシャンは存在しないのではなかろうか。単にネオクラシカル・ヘヴィ・メタルというスタイルを生み出しただけでなく、バンドメンバーを頻繁に交代しつつも、そしてときには自らベース他を兼任しつつも、常に自分の理想を追求し続けるその姿勢は（彼の強烈すぎるキャラクターもあり賛否両論が絶えないものの）まさに「孤高」と呼ぶにふさわしい。

本作は『Rising Force』『Marching Out』に続く彼のソロ名義通算3作目。前作までジェフ・スコット・ソートが務めていたヴォーカルの座はマーク・ボールズへ交代、またベーシストの故マルセル・ヤコブも前作に伴うツアー中に脱退したため本作のベースはイングヴェイ自身が担当している。マークの伸びやかで透き通った歌声が新たな魅力

文◎高橋祐希

を付加したキャッチーな**01.**、疾走曲**02.**、1曲の中でアコースティックからエレクトリックへと切り替わりつつ絶品の哀愁メロディーを聴かせるインストゥルメンタル**04.**、次作以降にも通じるポップな味わいも印象的な**06.**、初期の代表曲とも言える、ギタリスト・イングヴェイ入魂のネオクラシカル・インスト**09.**と、名曲・人気曲が目白押しの傑作だ。

　イングヴェイの魅力は、もちろんその演奏における常軌を逸した「速さ・滑らかさ・正確さ」といったプレイヤー観点の要素もあるのだが、彼ならではのフレーズ構築センス、そして楽曲構築力が（特にこの当時は）ずば抜けているという点にもある。ドラマティックな起伏、感動的なメロディーといった「メタルのカッコよさ」を、独自のバックグラウンドと才能と発想を惜しみなく詰め込んだ上で表現する、唯一無二の存在なのである。

　本作リリース後、自身の愛車を運転中に激突事故を起こし意識不明の重体に陥るという事態に見舞われるイングヴェイ。その事故の後遺症か、以降のプレイでは手癖や即興に頼った演奏が散見されるようになってしまうが、本作時点でのプレイは文句なく絶品だ。作品としてはその後も『Odyssey』『The Seventh Sign』を始めとしていくつもの傑作をリリースしてはいるが、楽曲のバランス感・完成度の高さにおいてはやはりこのアルバムが代表作だと言えるだろう。

執筆者紹介

＊五十音順

荒《あら》金《かね》良《りょう》介《すけ》

大分県出身、1999年からフリーの音楽ライターとして執筆開始。レッド・ツェッペリンで音楽に目覚め、ハードロック／ヘヴィメタルを貪るように聴き始める。その後、ニューメタル、ミクスチャー、ハードコア、パンクなどに手を出し、洋邦問わずにうるさい音楽が好み。世界一好きなギタリストはランディ・ローズ。

伊《い》藤《とう》政《せい》則《そく》

音楽評論家。日本のハード・ロック／ヘヴィ・メタル界のオピニオン・リーダー的存在。アルバムのライナー・ノーツ、音楽専門誌のレギュラーページはもちろん、ミュージシャンの伝記など幅広い執筆活動を展開。また、ラジオDJとしても活躍中。海外のアーティストからの信頼が厚く、“MASA” の愛称で親しまれている。

奥《おく》村《むら》裕《ゆう》司《じ》

音楽ライター。雑誌編集部を経て、1992年フリーに。泣きと哀愁、暗黒と幻想を求めて、劇的かつ勇壮、荘厳で耽美なこの世ならざる音に耽溺。平時であれば、海外のメタル・フェスに出没して撮影にも勤しむ。

川《かわ》嶋《しま》未《み》来《らい》（SIGH）

ブラック・サバスのデビュー・アルバムより少々年上の1970年1月18日生まれ。10代でスラッシュ・メタルにハマり、50を過ぎた今もその沼から抜け出せていない。エクスペリメンタル・メタル・バンドSIGHのヴォーカル、シンセサイザー、フルート、尺八担当。

後《ご》藤《とう》寛《ひろ》子《こ》

1984年生まれ、兵庫県出身。『ROCKIN'ON JAPAN』編集部を経て、現在はフリーランスの編集者／ライターとして活動中。音楽はメタル／J-POP／邦ロック／ヴィジュアル系／アイドルなんでもありのほか、映画やアニメなどのエンタメ／カルチャー関係でも執筆中の雑食ライター。

鈴《すず》木《き》喜《よし》之《ゆき》

スタンダードな音楽より、既存のスタイルから逸脱した表現、要するに「変なもの」を好みます。「メタルは様式主義」と言われがちで、自分もそう考えていましたが、今や先鋭的な表現を生み出す最重要フィールドですね。そして、本書に掲載された「基本」の多くが、登場時には「規格外」であったことに改めて気づかされました。

高《たか》橋《はし》祐《ゆう》希《き》

音楽ライター。『ヘドバン』『EURO-ROCK PRESS』誌にてコラム連載中。即興ノイズ／アンビエント音楽でライヴ活動もやってます。現代のプログレッシヴ・ロック／プログレッシヴ・メタルに焦点を当てた監修書籍『PROG MUSIC Disc Guide』発売中。そちらもよろしくお願いします！

増《ます》田《だ》勇《ゆう》一《いち》

東京都出身。学生時代より雑誌編集に携わり、1983 年の『US フェスティヴァル』開催時に初渡米。国内初のヘヴィ・メタル専門誌『BURRN!』編集部に創刊時から在籍、洋楽専門誌『MUSIC LIFE』では編集長を歴任。1998 年にフリーランスへ転身し、洋楽／邦楽を問わず幅広い取材・執筆活動を継続中。

山《やま》崎《ざき》智《とも》之《ゆき》

1970 年、東京生まれの音楽ライター。ベルギー、オランダ、チェコスロバキア（当時）、イギリスで育つ。1994 年から 1,100 以上のインタビューを行い、雑誌や書籍、CD ライナーノーツなどで執筆活動を行う。著書は『ロックで学ぶ世界史』。ブログは http://yamazaki666.com/blog/

梅《うめ》沢《ざわ》直《なお》幸《ゆき》

（本書企画・選盤）

BABYMETAL を筆頭に、遺産から最先端まで独自の感性で多種多様なメタルを取り上げているメタル系音楽雑誌『ヘドバン』（シンコーミュージック）編集長。編集プロダクション「野蛮企画室」主宰。本書では企画とアルバム 100 枚の選盤を中心に担当。

武《たけ》田《だ》砂《さ》鉄《てつ》

1982 年生まれ。ライター。著書に『紋切型社会』『芸能人寛容論』『コンプレックス文化論』『日本の気配』『わかりやすさの罪』などがある。雑誌『ヘドバン』で「ヘドバン大学教養学部課題図書」を連載中。TBS ラジオ『アシタノカレッジ』金曜パーソナリティを務める。

行《なめ》川《かわ》和《かず》彦《ひこ》

『パンク・ロック／ハードコア・ディスク・ガイド 1975–2003』（2004 年～監修も含む）、『パンク・ロック／ハードコア史』（2007 年）、『パンク・ロック／ハードコアの名盤 100』（2010 年）、『メタルとパンクの相関関係』（2020 年～BURRN! の奥野高久編集部員との“共著”）を発表。

西《にし》廣《びろ》智《とも》一《かず》

2006 年、「ナタリー」立ち上げを機に音楽ライターとしての活動を開始。2014 年末からフリーランスとなり、現在は WEB や雑誌を中心に執筆中。アイドルや俳優・声優をはじめ、オジー・オズボーンやジューダス・プリースト、メタリカなどのメタル系まで、インタビューしたアーティストは多岐にわたる。

長《は》谷《せ》川《がわ》幸《ゆき》信《のぶ》

ジューダス・プリーストの『IN THE EAST』を聴いたことでヘヴィ・メタルに目覚め、18 歳で上京後には日本のヘヴィ・メタル・バンドにも脳殺される。その後はライターとしてのキャリアをスタートさせ、とくにバンドものを好んで現在も奮闘中。またマノウォーばりに常にバイクで取材場所まで乗り込んでいる。

サブスクリプション
サービス
（定額配信）
で楽しめる！

レビューを
読んだその場で
聴ける！

本書掲載アルバムプレイリスト

Spotify

Amazon Music

Apple Music

＊各アルバムの本書掲載情報とプレイリスト配信各サービスの掲載情報に差異がある場合がある旨、ご了承願います。
＊本書に掲載しているものの、プレイリスト配信各サービスにて配信されていないアルバム、楽曲がある旨、ご了承願います。
＊プレイリスト配信各サービスの事由による配信終了につきましては弊社対応外となります。

編集後記

「星海社から、メタルの本を出しませんか？」

私から『ヘドバン』編集長・梅沢直幸さんへお話しさせて頂いたのが、２０２０年３月頃。新型コロナウイルスの状況が不安視されはじめ、僕自身、年間で何本も通っていたバンドライブに行けない日々が続き、悶々としていた時期でした。ご存じない方のために念のためご説明すると、『ヘドバン』とは独自の感性で多種多様なメタルを取り上げているメタル系音楽雑誌です。そこで案として挙がった企画が、今回のレビュー本です。『ヘドバン』を愛読してきた僕にしてみれば、メタルのレビュー本を梅沢さんと作ることができるなんて、「やらせてください」の即答以外に選択肢はありませんでした。

僕はメタルに通じているわけではありません。メタルばかりを聴いてきたわけでもなく、パンクやヒップホップ、ダンスやポップミュージックも大好きです。僕の頭のなかは音楽ジャンルが混沌としていて、自分はなにが一番好きなのかがいまだによくわかりません。そんななかで、この本を編集して思い当たりました。メタルはあらゆるジャンルに枝葉を伸ばす――この本の冒頭で梅沢さんが伝えている、いわゆるメタルの「サブジャンル」の多彩さ。メタルを聴いているとまったく別ジャンルの音楽を掘り下げたくなり、バンドやジャンルが辿ってきた歴史を深掘りしたくなり……というように、知識欲が大いに掻き立てられるのです。これが「メタルの沼」か、と。長年のメタルリスナーのみなさんは、こんなに魅力的な沼を楽しんでいたのか、と。

　いまになって思えば、僕のメタルとの出会いは、10代に聴いたモトリー・クルーの「Live Wire」。甲高くシャウトするヴィンス・ニールの声、曲中に入る「コンッコンッコンッ」というなんだか得体の知れない金属音や、言語化しづらいほどのテンションの高さに衝撃を受けたことをいまでも鮮明に覚えています。あちらこちらにアンテナが揺れ動く10代よろしく、その後すぐにヒップホップばかりを聴くようになり、その流れで出会った音がリンプ・ビスキットとレイジ・アゲインスト・ザ・マシーン。びっくり仰天、なんてかっこいいんだ、と。僕は当時これらのバンドが「メタル」であるという認識はまったくありませんでした。それ以降、メタルとはまったく別物（と思っている楽曲）を聴いていたら、実はもうすでにメタルに片足を突っ込んでいた、なんてことが山のように訪れました。この本を手に取って頂いたみなさんに、そんな音楽ジャンル同志の衝突を存分に楽しむきっかけにしてもらえるならば、これほどの喜びはありません。

この本には、本書収録アルバムをまとめたプレイリストを作成し、音楽サブスクリプションサービス（定額配信）で楽しめるページを作りました。レビューを読んだその場で、手軽に探せて、すぐに聴ける。どえらい時代になりましたね。読んで、聴いて、存分に本書を楽しんで頂きたいです。

この本は、メタルへの強烈な愛情と知見と熱意に満ちた方々によって生み出して頂いた煌《きら》めく結晶です。

時に熱く、時に激しく、時に物悲しく……こうした様々な感情や、明晰な楽曲解説、そしてご自身が経験されてきた、まさに同時代的に目の前で起きていたことを真空パックしたような生々しいレビューの数々を本書に収めることができました。ひとえに、ご寄稿頂いた伊藤政則さん、増田勇一さん、荒金良介さん、奥村裕司さん、川嶋未来さん、後藤寛子さん、鈴木喜之さん、高橋祐希さん、武田砂鉄さん、行川和彦さん、西廣智一さん、長谷川幸信さん、山﨑智之さんによるご尽力の賜物です。この場を借りまして御礼を申し上げます。ありがとうございました。

「メタルバイブル」という力強い刻印のようなメッセージを寄せて頂いたＫＯＢＡＭＥＴＡＬ。ありがとうございました。

　企画立案からフィニッシュに至るまで細やかにご対応頂き、ぴたりと併走して頂いた梅沢直幸さん。ありがとうございました。

　そしてなにより、この本を手に取って頂いたみなさん。本当にありがとうございました。この本を読んでいる間は、どうか楽しい時間を過ごして頂けますように。

2021年3月　星海社　築地教介

「メタルの基本《きほん》」がこの100枚《まい》でわかる！

二〇二一年三月二四日　第一刷発行

編著者　梅沢直幸《うめざわなおゆき》

著者　伊藤政則《いとうせいそく》・増田勇一《ますだゆういち》・荒金良介《あらかねりょうすけ》・奥村裕司《おくむらゆうじ》・川嶋未来《かわしまみらい》（SIGH）・後藤寛子《ごとうひろこ》
鈴木喜之《すずきよしゆき》・高橋祐希《たかはしゆうき》・武田砂鉄《たけださてつ》・行川和彦《なめかわかずひこ》・西廣智一《にしびろともかず》・長谷川幸信《はせがわゆきのぶ》・山﨑智之《やまざきともゆき》

発行者　太田克史《おおたかつし》
編集担当　築地教介《つきじきょうすけ》

アートディレクター　吉岡秀典《よしおかひでのり》（セプテンバーカウボーイ）
デザイナー　榎本美香《えのもとみか》
フォントディレクター　紺野慎一《こんのしんいち》
校閲　鷗来堂《おうらいどう》

発行所　株式会社星海社
〒一一二-〇〇一三
東京都文京区音羽一-一七-一四　音羽YKビル四階
電話　〇三-六九〇二-一七三〇
FAX　〇三-六九〇二-一七三一
https://www.seikaisha.co.jp/

発売元　株式会社講談社
〒一一二-八〇〇一
東京都文京区音羽二-一二-二一
（販売）〇三-五三九五-五八一七
（業務）〇三-五三九五-三六一五

印刷所　凸版印刷株式会社
製本所　株式会社国宝社

ISBN978-4-06-522811-1
Printed in Japan

次世代による次世代のための

武器としての教養
星海社新書

星海社新書は、困難な時代にあっても前向きに自分の人生を切り開いていこうとする次世代の人間に向けて、ここに創刊いたします。本の力を思いきり信じて、みなさんと一緒に新しい時代の新しい価値観を創っていきたい。若い力で、世界を変えていきたいのです。

本には、その力があります。読者であるあなたが、そこから何かを読み取り、それを自らの血肉にすることができれば、一冊の本の存在によって、あなたの人生は一瞬にして変わってしまうでしょう。思考が変われば行動が変わり、行動が変われば生き方が変わります。著者をはじめ、本作りに関わる多くの人の想いがそのまま形となった、文化的遺伝子としての本には、大げさではなく、それだけの力が宿っていると思うのです。

沈下していく地盤の上で、他のみんなと一緒に身動きが取れないまま、大きな穴へと落ちていくのか？　それとも、重力に逆らって立ち上がり、前を向いて最前線で戦っていくことを選ぶのか？

星海社新書の目的は、戦うことを選んだ次世代の仲間たちに「武器としての教養」をくばることです。知的好奇心を満たすだけでなく、自らの力で未来を切り開いていくための〝武器〟としても使える知のかたちを、シリーズとしてまとめていきたいと思います。

2011年9月

星海社新書初代編集長　柿内芳文

SEIKAISHA
SHINSHO